新工科·智能电动车辆卓越工程师培养系列教材

# 汽车开发系统工程

主　编　刘迪辉　童　伟

副主编　阮建中　王国春　马敬芳

参　编　范　叶　郭丹荻　黄　杰　梁婷婷　石洪武　李　瑜

　　　　邓　婳　吴玉华　梁秀园　黄婉飞　凌　文　方雯迪

　　　　徐露琳　李林柯　何丰恺　林妮娟　卢振蔚

主　审　蒋　平

机械工业出版社

CHINA MACHINE PRESS

当前，汽车企业对既懂技术又懂管理人才的需求量很大，基于此，本书全面介绍了汽车开发管理的知识，为即将进入汽车开发工作岗位的读者介绍汽车开发中的管理工作流程和相关知识。

本书面向汽车开发管理工作人士及车辆工程专业学生，从汽车开发流程、汽车开发项目管理体系、汽车开发项目 QCD 管理、汽车开发技术和管理数字化及汽车开发管理信息化平台五个维度，介绍汽车开发系统管理方面的知识。本书旨在培养车辆工程学生从事汽车开发管理和技术工作的能力，提升学生系统思考、团队协作、综合分析、项目规划、创新设计等综合能力。本书可作为车辆工程专业及相关汽车从业人士专业教材，也可供从事汽车开发管理工作和研发工作的相关人士阅读。

图书在版编目（CIP）数据

汽车开发系统工程 / 刘迪辉，童伟主编. -- 北京：机械工业出版社，2024. 11. --（新工科·智能电动车辆卓越工程师培养系列教材）. -- ISBN 978-7-111-77231 -6

Ⅰ . U46

中国国家版本馆 CIP 数据核字第 2025J79N64 号

机械工业出版社（北京市百万庄大街 22 号　邮政编码 100037）

| | | |
|---|---|---|
| 策划编辑：何士娟 | 责任编辑：何士娟　王兴宇 | |
| 责任校对：梁　园　陈　越 | 封面设计：张　静 | |
| 责任印制：郜　敏 | | |

中煤（北京）印务有限公司印刷

2025 年 2 月第 1 版第 1 次印刷

184mm×260mm · 10.75 印张 · 270 千字

标准书号：ISBN 978-7-111-77231-6

定价：59.90 元

主　任：丁荣军（中国工程院院士，湖南大学机械与运载工程
　　　　　　学院院长）

委　员：张进华（中国科协常委、中国汽车工程学会理事长）

　　　　华　林（教育部高等学校机械类专业教学指导委员会
　　　　　　委员，武汉理工大学机电与车辆工程学部主任）

　　　　姜　潮（湖南大学党委常委，副校长）

# 编写委员会

主　任：蒋　平（广汽集团原副总经理）

副主任：张　屹（湖南大学教务处处长，机械与运载工程学院
　　　　　　　　教授）

　　　　赵海青（机械工业出版社汽车分社社长）

　　　　刘嘉铭（广汽传祺汽车有限公司副总经理）

　　　　张卫国（广汽传祺汽车有限公司技术总监）

　　　　彭晓燕（湖南大学机械与运载工程学院教授）

　　　　胡官锋（广汽传祺汽车有限公司综合管理部部长）

　　　　李建鲁（广汽传祺汽车有限公司技术中心主任）

　　　　刘建国（广汽传祺汽车有限公司混动与整车技术部部长）

　　　　刘可伟（广汽传祺汽车有限公司工艺技术部部长）

委　员（按姓氏笔画排序）：

| 丁　飞 | 干年妃 | 王　平 | 王伏林 | 王国春 | 王猛超 | 邓朝阳 |
|---|---|---|---|---|---|---|
| 石洪武 | 卢振蔚 | 叶镇声 | 丘丽娟 | 代　琼 | 伍雪彪 | 刘　鹏 |
| 刘可伟 | 刘志强 | 刘志潜 | 刘迪辉 | 刘和军 | 刘桂峥 | 刘培楠 |
| 刘维民 | 刘智军 | 阮林栋 | 阮建中 | 杜君妍 | 李　凡 | 李　瑜 |
| 李　鑫 | 李庆喜 | 李志坚 | 李桂月 | 吴　飞 | 吴玉华 | 吴立浩 |
| 吴君伟 | 吴淑春 | 别大勇 | 邱　婷 | 邱捷行 | 何大江 | 何智成 |
| 汪怡平 | 宋　凯 | 张圣明 | 张冠军 | 陆浩升 | 陈　丽 | 陈　涛 |
| 陈文泽 | 陈迪铖 | 陈荣楠 | 陈梓莹 | 陈斯颖 | 范　叶 | 林志锋 |
| 罗　维 | 周　维 | 周子渊 | 庞高磊 | 钟雄虎 | 秦换娣 | 敖敬培 |
| 袁玉军 | 聂　昕 | 索志超 | 晏　晖 | 徐　鹏 | 高钦杰 | 郭丹荻 |
| 郭杰亮 | 唐钊荣 | 陶　静 | 黄　维 | 黄　智 | 黄义关 | 黄沛丰 |
| 黄岩军 | 黄俊文 | 黄梅珊 | 黄雅婷 | 曹启明 | 龚　政 | 梁　佳 |
| 童　伟 | 曾　平 | 蓝荣福 | 雷　茸 | 雷亚辉 | 谭志斌 | 颜泽炜 |
| 魏　超 | | | | | | |

特聘顾问：龚孟贤

党的二十大报告强调"教育、科技、人才是全面建设社会主义现代化国家的基础性、战略性支撑"。当前，新一轮科技革命和产业变革正在重构全球创新版图，重塑全球经济结构。

汽车产业是推动新一轮科技革命和产业变革的重要力量，新能源汽车、智能汽车等战略新兴领域，正成为各国汽车产业竞争的焦点。新一代信息技术、大数据、人工智能、云计算、物联网等先进技术加速在汽车上的应用，引发汽车产品技术、功能、形态等多方面的变化。汽车产品正在从交通工具转变为大型移动智能终端、储能单元和数字移动空间。学科交叉创新、系统集成创新、跨界融合创新对汽车人才培养提出了新挑战，也深刻地影响着车辆学科的教育变革。

教材是人才培养的重要支撑，汽车教材建设必须紧密对接国家发展重大战略需求，不断更新升级知识体系，更好地服务于高水平科技自立自强和创新人才培养。为此，教材建设应能适应科技飞速发展的形势，满足新兴产业的发展和创新的需要，尤其是专业课的教材知识体系更需要契合产业技术的发展，把制造一线应用的新技术、新工艺及时补充到高校的教材中。

在这样的时代背景下，在湖南大学和广州汽车集团传祺汽车有限公司诸位领导的大力支持下启动"新工科·智能电动车辆卓越工程师培养系列教材"的编写工作，是响应汽车产业发展的需要，是响应国家战略落地的需要，也是响应时代发展的需要，非常有意义。

本系列教材紧密围绕立德树人根本任务和当前智能新能源汽车行业前沿技术，面向企业对人才的实际需求，由高校教学一线的资深学者与头部汽车企业设计生产一线的资深工程师共同编写，确保了知识体系的系统性和生产实践的前沿性。本系列教材包括《智能车辆设计与控制基础》《电动汽车设计与制造》《新能源汽车制造技术》《汽车开发系统工程》四本书，内容涵盖了智能新能源汽车的设计、控制、制造与系统工程，注重多学科知识的深度融合与设计制造环节的相互约束，理论与实践紧密结合，旨在培养具有创新精神和实践能力的智能新能源领域专业人才。

衷心感谢参与本系列教材出版工作的编委、作者及审稿专家，他们以深厚的学术造诣和丰富的实践经验，为本系列教材提供了高质量的内容与严谨的把关。同时，感谢广汽传祺汽车有限公司、相关企业、机构，正是来自企业无私分享的实践案例和技术支持，使本系列教材更加贴近行业前沿。在此，我们向所有参与和支持本系列教材编写的人们表示最真挚的谢意。正是大家的共同努力，才成就了这套集理论与实践于一体的智能电动车辆卓越工程师培养系列教材。

"新工科·智能电动车辆卓越工程师培养系列教材"

丛书编委会

2024 年 11 月 25 日

随着新能源汽车的快速发展，市场竞争越来越激烈，提升汽车开发质量、降低汽车开发成本、缩短汽车开发周期，是所有汽车及零部件企业努力的方向。因此，汽车企业对于既懂技术又懂管理的人才的需求愈发迫切。

针对汽车企业对技术管理复合型人才的需求，本书将全面介绍汽车开发管理知识，为进入汽车开发工作岗位的读者介绍汽车开发中的管理工作流程和管理学方面知识，让读者更能够更快适应汽车开发相应的管理和技术工作。

汽车开发系统工程，旨在把系统工程方法应用于汽车开发技术以及技术管理全过程。基于模型的系统工程方法，可用于汽车开发全过程的项目管理，并且可以采用系统工程方法，结合大数据方法对项目的运行进行预演，帮助管理者做出科学决策。基于模型的系统工程方法可用于汽车整车、零部件、控制软硬件等的开发，基于统一化的参数化模型可以进行多领域多学科仿真优化，可以让大量数据和结果复用。当前信息化技术、大数据应用发展很快，基于模型的系统工程的汽车开发管理和技术统一信息化平台将会在项目管理决策、汽车开发等方面起到重要的作用。

本书还介绍了汽车开发技术和管理数字化平台建设的相关知识，为汽车开发技术和管理信息化平台的建设和应用提供管理学、基于模型的系统工程和软件定制方面的知识，让管理人员能够了解信息化平台建设要求，从而能够更好地应用信息化平台，提高汽车开发效率。

本书由湖南大学、广汽传祺汽车有限公司和湖南湖大艾盛汽车技术开发有限公司共同编写。由刘迪辉、童伟任主编，阮建中、王国春、马敬芳任副主编，参加编写的还有范叶、郭丹荻、黄杰、梁婷婷、石洪武、李瑜、邓姵、吴玉华、梁秀园、黄婉飞、凌文、方雯迪、徐露琳、李林柯、何丰恺、林妮娟、卢振蔚。另外，广汽传祺汽车有限公司的朱雪、吴法、陈龙平、武晓裴、黎民安为本书做了素材收集及审核等工作，在此对他们表示衷心的感谢。

广汽集团原副总经理蒋平同志对本书进行了认真、仔细的审阅，提出了许多宝贵意见，谨此致谢。

本书在编写过程中，还得到了本系列教材指导委员会中多位专家的帮助和指导，在此，对他们表示诚挚的谢意。

恳请读者对本书的内容和章节安排等提出宝贵意见，并对书中存在的错误及不当之处提出批评和修改建议，以便本书再版修订时参考。

编　者

# 目 录

# 第1章
# 概 述
# 1

☞ 本章导学

汽车开发面临多方面的挑战，如产品上市时间必须缩短、质量必须提高、功能必须增强、成本必须降低等。要应对如此之多的挑战，需要系统化的解决途径，需要把系统工程方法应用于汽车开发全过程，包括汽车开发的技术工作和管理工作等。本章将介绍系统工程的定义以及理论基础，引出本书对汽车开发系统工程的定义，并介绍汽车开发系统工程的内容概要。

☞ 学习目标

1. 了解系统工程定义和理论基础
2. 了解汽车开发系统工程定义
3. 了解本书要介绍的基本内容

☞ 课前小讨论

运动型多用途车（Sport Utility Vehicle，SUV），在 2007 年销量增速首次超过传统轿车以来，该细分市场的市场规模由 2007 年的 36 万辆迅速增至 2011 年的 159 万辆，5 年销量复合增速达 42%。SUV 市场的重要性显著提升，一方面，快速增长的市场为各车企提供了新的增长点；另一方面，SUV 占狭义乘用车市场的比重已超过 13%。随着市场的井喷，国内各路车企纷纷推出 SUV 车型，产品和营销的同质化亦越来越严重，简单的创新会被迅速模仿，同质化竞争给消费者带来低价产品的同时，也造成了产品质量的不断下滑及企业利润越来越微薄，如何避免 SUV 陷入之前轿车市场所发生的大洗牌和价格战怪圈，增强企业盈利能力和生存能力，将会是参与 SUV 市场竞争的各路车企迫切需解决的课题。

市场新兵和老牌车企相比，在品牌形象、资金实力、技术储备上均处于劣势，单纯模仿国外成熟车型，无差异化的产品毫无例外地陷入价格战中，虽然各大车企都对新产品研发进行了巨大的投入，但巨大的投入未必有巨大的回报，甚至有些车企因其中某一款产品的失败而陷入巨亏甚至破产，分析其本质，就是部分车企在开发中不注重新产品特性的差异化定义，造成新品定位雷同和竞争恶化。进一步说，部分车企缺乏创造顾客价值的产品差异化的工作流程，导致推出的新产品缺乏产品竞争力。

综合运用顾客价值、竞争优势、差异化战略等管理学相关理论，紧密联系实际，通过定性和定量相结合的方法，对 L 汽车公司 SUV 产品如何通过实施差异化战略，增强竞争优势进行研究。结合 L 汽车公司的发展现状，对 L 汽车 SUV 产品所处内外环境进行剖析。针对 L 汽车 SUV 发展过程中所面临的形势和所处的环境采用"PEST 分析"和"五种力量模型"进行外部环境分析，找出公司在下一轮发展过程中存在的机会和威胁，采用"SWOT 分析方法"分析企业内部因素，找出公司产品自身存在的优势和劣势。对 L 汽车 SUV 产品从产品差异化、服务差异化、产品形象差异化等方面进行研究和探讨，并通过对 SUV 产品的营销差异化成功案例进行分析，进一步论证为什么要实行差异化以及如何实行差异化。实施差异化战略是一个动态的过程，必须找准当前和未来的差异化关键要素，且须向培育企业核心竞争能力方向发展，通过不断的创新和实施差异化来保持竞争优势。汽车产品实施差异化战略，可以避免通过不断的降价来参与市场竞争，为增强企业自身的盈利和生存能力提供了有益的借鉴。

资料来源于《L 汽车公司 SUV 产品差异化战略研究》。

请问汽车开发是否需要先进的项目管理？汽车开发项目管理有哪些意义？

中国汽车工业发展快，国内自主品牌车型越来越多、越来越成熟，汽车开发过程借鉴了汽车发达国家成功的经验。在新能源车领域，中国企业具备了独立开发新款车型的能力。同时，中国汽车工业也面临很大的挑战，产品开发质量需要提高，开发成本需要降低。

汽车是社会大系统的一个组成部分，决定开发一款什么样的汽车，需要对社会经济、政治、人文、法律等环境综合考虑，做好产品规划。汽车产品本身是一个复杂系统，由大量硬件系统和软件系统构成。汽车产品开发参与人员多、周期长，需要进行系统集成管理。

## 1.1　系统工程的定义

### 1.1.1　系统的定义

在自然界和人类社会中，可以说任何事物都是以系统的形式存在的，每个所要研究的问题对象都可以被看成是一个系统。人们在认识客观事物或改造客观事物的过程中，需要用综合分析的思维方式看待事物，根据事物内在的、本质的、必然的联系，从整体的角度进行研究和分析。

系统是由两个以上有机联系、相互作用的要素所组成，具有特定功能、结构和环境的整体。系统必须由两个或以上的要素所组成，要素是构成系统的最基本单位，因而也是系统存在的基础和实际载体，系统离开了要素就不称其为系统。任一系统又是它所从属的一个更大系统的组成部分（要素），这个更大系统就是该系统的环境。例如汽车由动力系统、底盘系统、车身系统、电气系统、智能网联系统等构成。

系统和要素的概念是相对的。系统整体与要素、要素与要素、整体与环境之间，存在着相互作用和相互联系的机制，这些有机联系构成了系统的结构。例如汽车有相对固定的结构，实现所需的各项功能。

任何系统都有特定的功能，这是整体具有不同于各个组成要素的新功能，这种新功能是由系统内部的有机联系和结构所决定的。例如，不同汽车的特性，如安全性、经济性、操纵稳定性、乘坐舒适性等方面都有所差别。

### 1.1.2　系统的特性

下面结合汽车开发相关工作，讨论系统的特性。

#### 1. 系统的整体性

汽车产品具有整体性，多个子系统需要有机组合起来，才能实现汽车多方面的功能，满足消费者的需求。汽车开发工作也有整体性特征，各项工作需要有序进行、相互协调，以达到汽车开发成功的目的。

### 2. 系统的关联性

汽车产品上多个子系统是相互关联的，比如底盘系统与车身系统的匹配、车身系统与底盘系统连接，底盘系统的参数会影响整车的操纵稳定性和乘员平顺性。汽车开发涉及多部门、多领域，它们有效协调才能减少开发时间。

### 3. 系统的环境适应性

中国汽车正在走向世界，世界各个地方的气温、路况都有所不同，各个地方经济状况、法律、政治和人文环境也各不相同，因此汽车开发要针对区域环境做适当调整。比如销往俄罗斯的汽车，其耐低温性能要有所增强。

### 4. 系统的目的性

系统的目的性是指系统的功能，在开发汽车之前，需要了解汽车消费者的需求，针对消费者需求来开发对应的产品，这样汽车产品才有更广阔的市场。

### 5. 系统的层次性

系统的结构是由不同层次的子系统组成，各层次间相互制约。比如汽车制动片有质量问题，那么制动系统就会存在问题，从而导致汽车存在质量隐患。在汽车开发过程中，某个部门的某个技术人员做了一个有缺陷的设计，会导致部门工作缺陷，有可能导致汽车开发工作的失败。在汽车开发流程中，若某个开发节点滞后，则可能会导致汽车上市时间的滞后。

## 1.1.3　系统工程的概念及特点

系统工程作为一门学科，是人们在社会实践中，特别是在大型工程或经济活动的组织、规划、生产、管理及复杂产品系统的设计与研制过程中，针对系统所要面临的共性问题，综合考虑各方面因素，统筹兼顾并总结实践经验，借鉴和吸收一些基础和邻近学科的理论方法，逐步形成的。

通过以上对典型系统工程定义的综述，可以看出，系统工程具有如下特点。

1）系统工程的目的在于满足用户需求。

2）系统工程是一种跨学科的方法。

3）系统工程是一种技术和管理过程的集成。

4）系统工程强调对全生命周期中各组成元素的权衡分析，实现全局最优。

总之，系统工程以技术为基础，以科学的方法组织和规划人力、财力和物力，通过最有效的途径选择，使参加项目的工作者的工作在一定期限内获得最合理且经济有效的结果。而所谓科学的方法，就是从整体出发，统筹规划，合理安排整体中的每一个局部，以求得整体的最优规划，通过管理和控制，使每个局部服从整体目标，做到人尽其才、物尽其用，以发挥整体的优势，提高资源利用的效率。

## 1.1.4　系统工程活动要点

1）系统工程活动应识别、确定并形式化问题和机遇，对问题和机遇进行探索，在系统环境下，利用系统的不同视角分析并定位问题。汽车开发前要做产品规划和平台战略，确定汽车开发目标。

2）系统工程活动应理解系统环境，在此环境下定义利益攸关方需求，并通过实施技术活动、选择最优方案来提供价值。

3）系统工程活动应针对识别的问题及环境，通过设计形成潜在方案，解决识别的问题，包括确定系统边界、确定系统功能、系统内部组件划分、分组和关联关系。汽车开发中会有多种方案需要选择，有多种参数需要确定，这都需要系统的考虑，做出最优选择。

4）系统工程活动应进行分析并选择最优方案，包括综合各类分析方法进行权衡研究，进行有效决策。

5）在把问题形成方案的过程中，应考虑系统的完整性，同时，由于系统的复杂性和层次性，应逐层进行问题到方案的工作。

6）系统工程活动应进行整个方案的过程正确性和完整性的证明，包括进行有效的验证和确认。汽车产品正式开发前需要进行全方面考虑，汽车产品正式生产前需要进行全方位验证。

7）系统工程活动应考虑系统的完整生命周期，包括后期的部署、使用支持、维护到最终报废。汽车开发系统工程活动要考虑到汽车产品的全生命周期过程。

8）系统工程活动应囊括针对全生命周期的系统工程活动与产品的技术支持和管理类工作。

### 1.1.5 系统工程三维结构

系统工程三维是指逻辑维、时间维、知识维。汽车开发工作具有系统工程这个三维特征：逻辑维是具体解决汽车开发管理和技术问题的一般过程；时间维是汽车开发不同阶段，时间上从汽车产品规划到汽车量产全过程；知识维是汽车设计开发应用的多领域、多学科知识。

逻辑维一般指解决问题的逻辑过程。在使用系统工程方法解决问题时，可按下述七个步骤进行：①提出问题；②选择目标；③系统综合；④系统分析；⑤选择解决问题的最佳方案；⑥决策；⑦实施计划。解决汽车开发中的技术问题和管理问题，都可应用系统工程方法。

时间维一般指工作阶段。对一个具体工程而言，从规划到更新，全部程序分为：①规划制定阶段；②初步设计阶段，即具体计划阶段；③研制阶段，即系统开发阶段；④生产阶段；⑤安装阶段；⑥运行阶段；⑦更新阶段。汽车开发流程是多款车型开发的经验总结，按照开发流程可稳步开展汽车开发工作。

知识维一般指专业学科知识。系统工程除有某些共性知识外，还涉及各种专业知识，这些专业知识称为知识维。汽车开发需要车辆、电气、计算机、管理、市场等多个专业的知识。

## 1.2 汽车开发系统工程

由于汽车产品的复杂性和系统性，需要参与者不断强化系统思维，对汽车制造商而言，尤其需要增强对复杂产品项目管理和技术的综合集成能力。

首先，项目管理是以项目为对象，运行系统管理方法，对项目进行高效率的计划、组织和管控。项目管理是系统工程方法论在具体工程项目中的应用，是一个在系统化和结构化的框架下，把成千上万的研制任务综合成一个技术上合理、经济上合算、研制周期短和高效协调运转的系统。其次，复杂的总体协调任务要求以组织管理替代指挥者个体，以周密的项目计划避免项目"迷路"。最后，要把系统工程管理方法运用到汽车项目管理和组织管理建设中，运用系统工程管理方法，同步优化项目管理组织的纵向系统和横向系统，把工作分解结构与组织分解结构整合起来，最终形成清晰的项目目标矩阵，实现项目管理团队、技术工程团队和资源保障团队的动态协同。

## 1.2.1 汽车产品社会系统属性

汽车产品的社会属性，是指汽车属于社会交通系统组成部分。开发一款汽车，耗资巨大，需要做详细的产品规划，综合考虑技术、经济、政治、法律、人文等因素。

中国汽车工业是国民经济的支柱产业，对国家经济和人民生活影响巨大。2023年，中国成为全球最大出口国，中国汽车走向了世界，参与全球竞争。因此，汽车开发需要考虑全球各地消费者需求，进行平台化、差异化设计。汽车开发根据市场发展的规律，响应市场和客户的需求，在产品全生命周期内持续为客户创造价值。

汽车作为交通工具，要满足公众利益需求，遵循安全第一的原则，接受政府对汽车的监管、运行要求以及环保要求。

汽车的电动化、数字化、智能化、网联化是当前汽车行业的主要趋势。电动汽车、混合动力汽车等新能源车型逐渐受到消费者认同，在汽车市场占比逐渐增加。智能驾驶技术、智能交通系统等技术的发展将改变整个汽车行业格局。共享出行、网约车等新兴服务模式对汽车产业带来了挑战和机遇。

汽车开发需要面临很多新的挑战，比如：①技术更新换代速度快，汽车开发需要持续跟踪行业动态，加强技术研究与创新；②市场需求多样化，汽车开发需要灵活调整产品结构与技术路线，满足不同消费者的需求；③市场竞争激烈，汽车开发需要加强团队建设和沟通协作，提高工作效率和创新能力；④提高资源配置和成本控制能力，确保研发项目按时交付，并降低开发成本。

传统汽车正在向自动化、智能化、集成化、网络化的汽车演变。我国汽车行业将积极参与全球竞争，推动汽车产业向绿色、智能方向转型。因此，中国汽车需要进一步提升汽车产品质量，建立品牌优势，具有更高的盈利能力，为全球消费者提供性价比高的产品。

## 1.2.2 汽车产品管理系统属性

开发一款汽车，是一项涉及几百人、持续几年的大型项目，需要协调统一、稳步推进，需要系统组织管理整个开发过程。

汽车作为复杂产品，其复杂性体现在产品规模、设计要求、研制过程、成本、质量、进度、项目组织与管理、公共关系等诸多方面。汽车产品管理应遵循高端复杂产品项目管理规律，采用合适项目组织形式，通过围绕产品全生命周期管理流程、工具和方法，以确保产品目标的实现。

汽车开发需要按照开发流程开展相应的技术和管理工作。汽车开发流程主要分为产品规划、概念开发、设计开发、试制试验与认证、生产准备、量试与投产等阶段，更宽泛的范围还包括销售与市场推广、售后服务、产品改进与更新阶段。

汽车开发需要采用合适的组织管理体系来全方位组织实施相关的管理和技术工作。

汽车开发一般采用项目管理的方法，包括项目整合管理、范围管理、进度管理、质量管理、成本管理、资源管理、采购管理、干系人管理、沟通管理、风险管理等。

### 1.2.3 汽车产品技术系统属性

汽车产品要满足安全性、经济性、操作稳定性、舒适性、耐久性等要求，由多个系统，多个硬件以及多款软件构成，涉及多学科知识等。开发一款汽车需要系统优化、做好匹配。

汽车产品系统是典型的技术密集型、高附加值、基础科学与前沿科技的综合应用产物。作为一个复杂的系统，汽车主要由动力传动系统、底盘系统、车身系统、电气系统、智能网联系统等构成。

动力传动系统是驱动汽车行驶的核心部件。传统汽车动力系统主要由发动机、燃油供给装置、离合器、变速器等构成。新能源汽车动力系统主要包括电机、电控、电源以及减速器等。

底盘系统包括车架、悬架系统、转向系统、制动系统等。

车身系统是指用来载人载物的部分。其包括了车窗、车门、乘员舱、发动机舱和行李舱等，其设计决定了汽车的舒适性、功能性与安全性。

电气系统由电源、启动、照明与信号、仪表与报警、电子控制装置、辅助装置等部分组成。

智能网联系统由智能驾驶系统、智能座舱系统等部分构成。

对于车辆工程团队来说，如何将整个车辆划分为不同的系统、子系统、部件一直是一项挑战，不同的企业根据自身的产品开发流程，将整车产品根据不同的系统分配给不同的工程团队。

### 1.2.4 汽车开发系统工程

汽车开发系统工程是以满足客户需求为目的，围绕汽车产品全生命周期，贯穿产品规划、设计、生产、销售、使用、维修保养直到回收的整个过程，通过汽车开发技术集成与管理过程集成，以求产品全寿命周期所有相关因素在产品设计阶段能得到综合规划和优化的多学科交融的系统开发方法。

根据汽车产品的社会、技术、管理等系统属性，稳定推进汽车开发的工作，就是开展汽车开发系统工程的目的。汽车开发系统工程主要包括以下主要工作。

1）汽车开发平台规划及产品规划。针对汽车产品社会属性和消费者需求，来开展的规划工作。目前最新的进展是借助大数据来捕捉消费者需求。

2）汽车开发流程和管理体系、管理方法。针对汽车开发的管理属性，推进汽车开发工作的方法。目前主要的进展是借助信息化系统、数字化平台推进开发工作。

3）汽车开发技术和推进方法。针对汽车开发的技术属性，采用 V 字设计开发流程，采用数字化模型、虚拟验证、多学科优化等进行技术研发。进展是借助基于模型的系统工程方法，开发数字化平台，进一步推进开发数据化和集成化。

汽车开发技术集成可以采用基于模型的系统工程方法规范开发流程、建立参数化模型、进行多学科仿真优化和多部门协同设计；汽车开发管理过程集成可以采用基于模型的系统工程方法，通过规范管理流程进行多部门的协同管理。借助信息化技术，采用基于模型的系统工程方法，可实现汽车开发技术和管理的信息化，所有参与汽车开发的人员在同一信息化平台上工作，可缩短汽车开发时间、提升汽车开发质量。

汽车开发管理过程集成离不开汽车产品开发技术集成。管理人员需要具有专业的管理知识，并且熟悉汽车产品的开发流程、了解汽车相关的专业知识。技术和管理相辅相成，缺一不可。

在汽车开发过程中，通常会采用 V 模型进行系统开发。V 模型是一种基于需求分析、体系架构设计、硬件和软件开发、集成测试以及产品验证的系统工程方法。基于系统工程方法的一般产品开发过程如图 1-1 所示。

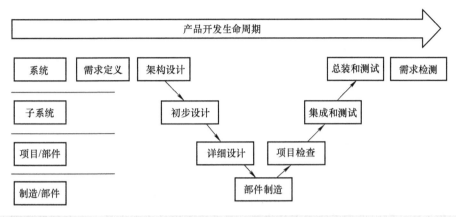

图 1-1　基于系统工程方法的一般产品开发过程

## 1.3　汽车开发管理基础知识

本节将介绍汽车开发工作中需要了解的管理知识，包括汽车开发流程、汽车开发管理体系、项目管理过程等。

### 1.3.1　汽车开发流程

汽车开发包括新车型开发和车型改款升级等，不同的汽车开发项目涉及的具体工作和流程都有明显的区别。

汽车开发流程包括项目启动、项目预研、商业认证、概念设计、详细设计、设计验证、生产准备、效果评价等过程。

结合汽车开发流程，梳理汽车开发过程中的重点管理工作包括全生命周期产品力管理、全生命周期质量管理和全生命周期的收益管理等。

为了保证汽车产品的竞争力，需要做好汽车产品的平台规划，布局前瞻性技术。

### 1.3.2　汽车开发管理体系

项目管理工作是汽车开发过程顺利进行的保证，要明确项目管理目标，必须采用合理的汽车开发管理体系，明确每个参与汽车开发工作的岗位职责。

项目总监和项目经理是项目管理中的两个重要职位，他们负责具体管理和实施工作，因此需要具备相当的领导力。汽车行业项目管理是一个复杂的过程，需要协调多个部门和团队，确保项目按时完成并满足质量要求。

汽车开发分级决策机制是指汽车开发过程中的决策制定方法，包括过阀评审、里程碑会议、关键点评价会议、生产准备过程判断会议等。

汽车开发项目管理工作可采用看板管理、月报管理。借助管理信息化系统，能够更明确展现工作进展以及要关注的问题。

### 1.3.3 汽车开发项目 QCD 管理

系统工程方法必须通过项目管理才能有效落地，服务于汽车产品系统的研制和开发，在操作层面将系统工程的理念和方法转换为实施细则和流程，供各级项目管理人员使用。项目管理集包含了在项目管理中项目控制的关键要素及过程，其中项目质量管理、项目成本管理、项目进度管理将在第 4 章详细介绍。

## 1.4　汽车开发数字化平台

数字化、信息化技术在汽车开发中起到越来越重要的作用。在汽车开发过程中通过采用大量的数字化模型和虚拟仿真技术，可大幅缩短汽车开发周期。在汽车开发过程中应用基于模型的系统工程方法，可以发挥系统工程的优势，开发出更优的汽车产品。汽车开发管理也可采用基于模型的系统工程方法来实现最优化管理。汽车开发项目管理的信息化可以有效提高汽车开发管理效能。

### 1.4.1 基于模型的系统工程

基于模型的系统工程（Model Based System Engineering，MBSE）将建模技术应用于系统工程概念需求的设计、分析、验证与确认各个阶段，持续贯穿于整个产品的生命周期。MBSE是开展产品数字化设计的首要步骤，是系统数字化模型的主框架。MBSE 技术也是设计数字孪生系统的方法工具。企业实施数字化工程首先就是开展 MBSE 工作，它是企业实现数字化转型的关键，是企业实现持续的系统创新的技术动力。

基于模型的系统工程的主要优势在于它提供了一个一致、公共的设计信息交流平台，有利于跨部门、跨领域的协同工作。通过模型驱动的方式，MBSE 能够实现需求的不断演化、迭代，以适应复杂产品的研制需求。同时，MBSE 还可以通过闭环仿真提前发现设计缺陷，提高产品开发效率。传统的基于文档的系统工程方法在实际应用中存在着如维护文档工作量大、文档传递过程中信息传递歧义、需求变更导致文档修改量大等问题。而 MBSE 方法则能够有效地解决这些问题，它以集成、清晰且一致的系统模型作为主要产出物，使得设计中的每个决策都被捕获为模型元素，有利于实现上下游人员之间的协同工作。

基于 MBSE 的汽车开发模型如图 1-2 所示。采用该模型，可以使汽车产品在开发过程中紧跟需求，加快产品开发进程。

MBSE 在汽车工业中的应用是随着汽车产品研发和制造发展进入新阶段，为了应对新的机遇和极其复杂的挑战而产生的。这些挑战包括功能安全需求、复杂多核异构问题、体系优化与升级等。随着汽车行业向智能化、网联化方向发展，功能安全成为汽车产品的重要指标。MBSE 的应用需要满足功能安全需求，确保系统在各种异常情况下的稳定性和可靠性。MBSE方法需要解决在复杂环境下的系统集成和协同问题。随着汽车行业的快速发展，系统需要不断优化和升级，MBSE 方法支持系统的持续改进，以满足不断变化的市场需求。

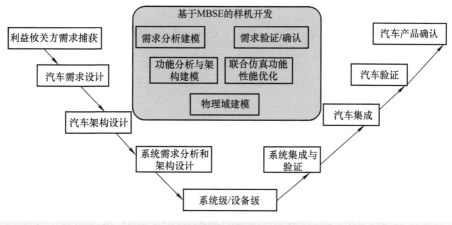

图 1-2 基于 MBSE 的汽车开发模型

### 1.4.2 汽车开发项目管理信息化系统

引入汽车研发项目管理体系中的信息化项目管理理念，从进度、质量、成本三个方面构建了新一代汽车研发项目管理信息化系统。在汽车研发过程中，该管理理念从进度、质量、成本三个方面实现汽车产品研发全过程的跟踪、监控、及时预警，从而大幅度提高汽车研发项目管理信息化水平。汽车研发项目管理信息化系统可对汽车研发项目进行有效管控，不仅可以提高汽车研发项目的管理水平，更能够提升产品质量。

成熟的项目管理是快速推出满足市场需求产品的保障（快速、低成本、高质量、高效的产品开发），项目管理系统的应用能够更好地实现公司的产品投放目标。

项目管理信息化系统提供了一种信息化解决方案，它具有多种优点，如图 1-3 所示。该系统可以不断改善目前项目管理过程中遇到的问题，从而提升管理效率和控制力度，相比传统项目管理工具具有明显优势。

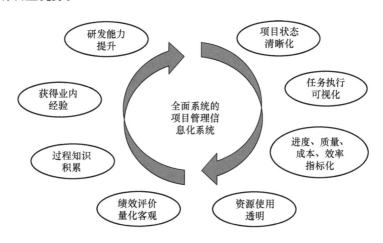

图 1-3 项目管理信息化系统优点

通过采用项目管理信息化系统，全面系统的管理汽车开发过程，优点主要有以下几点。

1）项目状态清晰化。

2）任务执行可视化。

3）T/Q/C/D（T——时间进度、Q——质量、C——成本、D——效率）指标动态调整。

4）资源使用透明。

5）绩效评价客观。

6）过程知识积累。

7）获得业内经验。

8）研发能力提升。

建立信息化共享平台可以打通沟通屏障。例如，在供应商管理中，通过供应商信息共享平台可以有效提高供应商的质量管理能力，供应商可以实时了解自己零部件的质量状态，当出现质量报警时，可以立即采取改进措施，防止不合格产品流出，并能根据原因分析给出改善措施，提高供应商过程质量监控和反馈的效率，缩短质量报警处理周期，避免信息不对称、处理不及时或不恰当而影响整体表现。

### 1.4.3　集成产品开发

集成产品开发（Integrated Product Development，IPD）作为一套管理体系，其方法的科学性和理念的先进性已充分得到验证。

IPD是随着市场不断发展、顾客对新产品的期望不断提升而诞生的。为了赢得市场和顾客，企业需要加快产品开发的速度、不断提升产品质量、持续降低成本、尽可能降低开发风险——这就是汽车产品采用集成产品开发的目的。

IPD是基于用户客观需求的产品开发管理体系，IPD是一种面向客户需求，将整个产品生命周期中的相关活动进行协同的系统的产品开发方法。IPD是一种使用并行的开发流程以及采用跨职能团队的管理方法。

图1-4所示的IPD结构化框架主要分三部分。

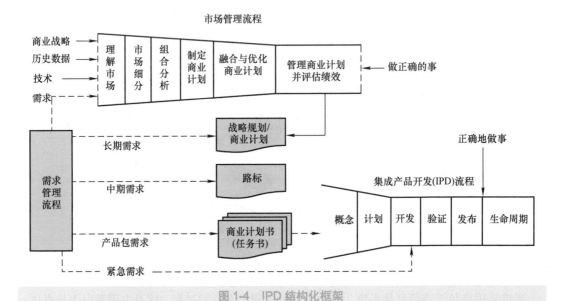

图1-4　IPD结构化框架

第一部分是针对市场分析和财务分析的市场管理流程。市场管理流程为正确地选择项目提供保障；也就是确定要"做正确的事"，在汽车开发中确定开发产品的类型，做好产品的定位。

第二部分是针对用户需求的需求管理流程。需求管理是能过收集、归类、研究、验证等过程，对不同的客户需求进行规划管理，避免盲目投入、过量投入或者是过于保守投入，最终达到满足客户的中长期需求和紧急需求；根据用户需求，开发汽车产品应该具备的功能。

第三部分是集成产品开发的流程，包括从确定产品概念开始，直到产品退市后的全生命周期的流程管理。集成开发流程是为了确保在项目开发过程中产出高效、高质量、低能耗的成果。但是要注意，人为地缩短每个阶段的时间，可能导致汽车开发出现不良的后果。

应用集成产品开发管理技术，建设企业价值链体系，通过上下游伙伴的战略合作关系，构建双赢、多赢的运行模式，其核心价值观是为客户创造价值。顾客利益和自身竞争力始终是企业管理中不可动摇、不可轻视的两大基准。

### 1. 集成产品开发管理技术表现形式与特点

（1）时间上的高度同步化集成

其特点是实现并行作业、同步输出，避免时间编排上的等待及重复。以汽车开发中产品设计与工艺设计过程为例，产品设计需要考虑工艺过程要求，工艺设计要依据产品设计结果，两者不能独立开展，需要在合适的时间通过把产品设计人员与工艺设计人员聚集在一起进行并行设计，减少由产品设计人员把结果交给工艺设计人员后反复修改及会议讨论导致的重复性浪费。

（2）地域上的高度集成

其特点是模块化、规模化的集成效应，主要体现在生产制造过程的集成化，比如在供应链管理环节，节约出物料配送运输、上线输送过程中因过度移动造成的浪费。

（3）资源上的高度集成

其特点是通过资源整合，实现资源利用最大化，提高通用性和重用率。例如，汽车企业需要在全球产品开发项目中，最大化重用零件、装配和最佳实践，定义模块化分类标准，建立准确的企业级物料清单（Bill of Material，BOM），为产品通用性和重用提供精确信息，通过降低零部件种类提升供应链整体运行能力、降低产品成本。

### 2. 应用集成产品开发管理技术的主要因素

（1）形成快速决策机制

集成如果仅仅是集合在一起为一种物理形式，它并不能发挥其模块化、同步化、整合化的效用，关键还需要一个灵活的管理机制，使得这个集成组织能进行快速决策。

（2）资源上的高度整合化集成

集成需要整合企业内外资源，对资源进行分类，提高通用性，发挥批量化优势。

（3）组织架构体现集成职能

集成需要特定的策划与跟踪实施，最好设置专门的集成团队，把具体业务团队高效衔接与串联起来，形成规模效应。

在集成产品开发管理技术应用中，组织内部各职能模块的配合与集成能力是体现团队战斗力的主要因素。研发部门应以为客户创造价值为中心，为最大限度发挥组织效率，努力构建具有强大竞争力的内部组织体系，设置专职集成职能管理模块，在产品和工艺开发的模块之间，运用集成团队使开发过程高度集成同步，使需求管理同步应用，使新技术、新工艺、新材料同步集成应用，从而缩短新产品开发周期，提升产品开发质量。

本节资料主要来源于《A 公司集成产品开发管理模式研究》。

## 习　题

**一、选择题**

1. 下列选项（　　　）不属于系统的特点。

A. 具有边界　　　　　B. 复杂性　　　　　C. 熵恒定特性　　　　　D. 具有层次结构

2. 下列选项（　　　）不符合汽车演变的趋势。

A. 电动化　　　　　B. 智能化　　　　　C. 网联化　　　　　D. 单一化

3. 下列选项（　　　）不属于新能源汽车的系统划分。

A. 动力传动系统　　　B. 智能网联系统　　　C. 底盘系统　　　　D. 悬架系统

**二、判断题**

1. 系统工程是一门方法论的科学，它充分强调整体系统的综合最优化，追求单一目标的最优化。　　　　　　　　　　　　　　　　　　　　　　　　　　　　　　（　　）

2. 基于模型的系统工程是将建模技术应用于系统工程概念需求的设计、验证与确认各个阶段，持续贯穿整个产品的生命周期。　　　　　　　　　　　　　　　　　（　　）

3. 汽车开发系统工程是主要针对汽车系统研发的，与管理方法和效率无关。　（　　）

**三、填空题**

1. （　　　　　　　）作为一种科学的系统决策方法论，它是进行各种管理决策的基本指导思想。

2. 汽车产品系统属性主要包括（　　　　）、（　　　　）、（　　　　）。

3. 汽车开发项目管理主要包括（　　　　）、（　　　　）、（　　　　）。

**四、简答题**

1. 什么是系统工程？

2. 什么是汽车开发系统工程？

3. 汽车开发系统工程与汽车开发项目管理的关系是什么？

4. 什么是基于模型的系统工程？

**五、综合实践题**

在阅读《A公司集成产品开发管理模式研究》基础上，收集相关资料，分析华为当年投入20个亿导入IPD是否值得，描述导入IPD要做哪些工作。

## 拓展阅读：HR公司新产品开发项目管理优化研究

近10年，中国汽车产业不断扩大，汽车产销量稳居全球第一，成为全球最活跃的汽车市场。尽管过去几年受芯片短缺、原材料上涨等不利因素影响，中国汽车还是顶住压力，稳步前行。2020年，中国汽车销量为2531万辆，2021年为2627万辆，同比增长3.8%。2022年中国汽车市场依然维持增长趋势，尤其是新能源汽车表现最为亮眼。随着行业地位的持续提升，汽车工业作为国民经济支柱产业，对相关产业的带动作用越发凸显。汽车零部件作为汽车工业的基础，更加需要重视新产品开发能力、质量保证能力、售后服务等多方面能力的提升，为汽车行业的持续发展奠定坚实的基础。

本课题以HR公司的新产品开发项目管理流程为研究对象，采用文献分析法、案例研究法，并同时运用项目管理、新产品开发、产品质量先期策划、潜在失效模式和效应分析等理论，深入剖析了 HR 公司现有的新产品开发项目管理过程中存在的问题，如项目团队职责不清、沟通困难、产品设计失败率高、工装模具问题多、量产合格率低、成本管控失效等，并分析了这些问题产生的根本原因。针对目前存在的问题，运用项目管理相关理论，新产品开发相关理论深入研究，提出了适用于 HR 公司新产品开发项目管理改善的优化方案、即优化公司组织结构、增加项目经理的权限范围、优化产品和过程设计阶段的流程、强化供应商管理机制、优化量产前的小批量试生产规定、优化成本管理机制等。

立足于 HR 公司目前的发展现状，提出了公司新产品开发项目管理流程优化方案实施的保障措施，即获得管理层的支持，完善人力资源管理体系，如优化绩效考核及激励、建立有效的培训机制、通过人才保障推进项目团队建设等。通过以上保障措施，促进新产品开发项目管理优化方案的顺利实施。本课题的研究目的，意在引导 HR 公司解决现有问题，将项目管理科学理论引入公司管理的各个层面，改进公司项目流程、缩短项目开发周期、降低项目开发成本、提升公司综合竞争力，使公司在激烈的竞争环境中有长远的发展。

☞ **本章导学**

通过学习本章，学生将能对汽车开发的技术工作和对应的管理工作有大致了解，在了解汽车构造的基础上，进一步学习汽车开发是如何由概念构想变成图纸设计、最终成为一个实物产品的。

☞ **学习目标**

1. 了解汽车产品规划的作用、步骤。
2. 了解汽车平台规划的定义、架构 - 平台 - 车型之间的关系。
3. 了解汽车开发各阶段的核心工作内容以及各部门职责分工。
4. 了解批量化生产的基本原则和流程。

## 2.1 汽车产品规划与开发

在一个成熟的汽车产品开发项目启动前，对于汽车的产品规划及平台规划会先行启动，汽车企业一般会推出多个汽车系列产品，因此对于企业来说，对产品规划和平台规划布局至关重要。

—— 案例 ——

汽车产品规划是汽车企业为了适应市场需求和发展趋势，制定产品开发、改进和淘汰方案的长期计划。通过预测未来消费者的需求，确保正确的产品在正确的时间被推向市场，从而获得竞争优势。

某全球知名汽车制造商早年的产品规划主要围绕节能和环保展开。在研发初期，该企业通过对市场的深度调研，发现消费者对低油耗和环保的需求日益增强，于是制定了以混合动力为核心的产品策略。经过多年的研发和市场推广，其混动车型在全球范围内取得了显著的成功。

这个案例说明，一个清晰、有逻辑性的产品规划能够指导企业准确把握市场趋势，开发出满足消费者需求的热销产品。

相反，一些汽车企业曾经试图通过推出多个子品牌来满足不同消费者的需求，但因为缺乏科学、务实的规划、有竞争力的产品和创新性的营销，多品牌战略并没有取得预期的效果。

总的来说，汽车产品规划不仅是技术和流程的选择，更是一种战略思考。正确的产品规划可以帮助企业在激烈的市场竞争中脱颖而出，而错误的规划则可能导致企业战略的失败。因此，汽车企业在进行产品规划时，必须结合市场需求、技术趋势和企业自身的实际情况，制定出切实可行的战略规划。

### 2.1.1 汽车平台规划

汽车平台的概念是在理论和实践中不断丰富和发展的。汽车平台是在车型开发过程中确定的一个基准，以它为基础可以扩展出一系列新车型；架构既是一系列车型共享的设计与零部件集合，也是一系列车型共用的子系统以及子系统之间共用解决方案的集合。架构是平台概念的延伸，其中模块化开发是企业从平台战略到架构战略转变过程中关键环节。架构 – 平台 – 车型之间的关系如图 2-1 所示。

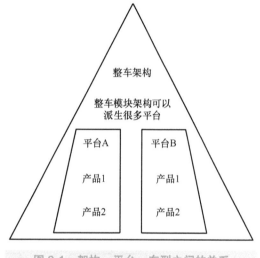

**图 2-1　架构 – 平台 – 车型之间的关系**

汽车平台开发包括汽车平台规划和平台结构设计。汽车平台规划是企业的一个持续反复的过程，它与汽车平台开发的关系相当于支持与被支持的关系，汽车平台规划为汽车平台开发、更新和维护提供核心能力支持，如图 2-2 所示。这种支持是持续不断的，因此汽车平台规划对基于平台策略的车型开发具有重要的指导意义，汽车平台在企业汽车平台规划的基础上，不断得以更新和升级换代。

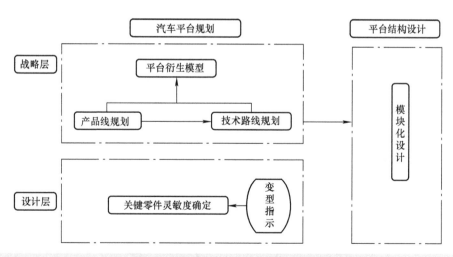

**图 2-2　汽车平台规划和平台结构设计的关系**

汽车平台规划包括战略层的规划和设计层的规划。其中战略层的规划又包括产品线规划、技术路线规划以及在此基础上的平台衍生模型的建立。战略层的规划为汽车平台开发起战略指导意义，它的输出是产品线规划、技术路线以及平台衍生模型，从而指明了车型开发方向以及平台衍生模式。设计层的规划的主要工作是关键零件灵敏度的确定。敏感度是指关键零部件为了满足将来的客户需求，其所需重新设计的工作量的大小，变型指标可用来衡量关键零部件的敏感度。

战略层的规划和设计层的规划从不同层次为汽车平台的开发提供支持，设计层的规划主要对平台结构的设计进行指导，确定部件变型指标，从而为平台的设计工作指明方向。

### 2.1.2 汽车产品规划

汽车产品规划以产品战略为基础，同时又是产品战略的实现路径。产品战略是企业发展的路线图，指引产品规划和开发的方向。产品战略框架如图 2-3 所示。

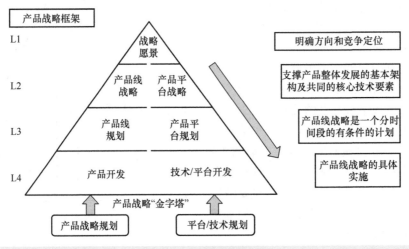

图 2-3　产品战略框架

产品规划是连接市场与企业产品开发、生产过程的桥梁，如图 2-4 所示，其核心任务在掌握市场趋势、用户需求、竞争要素与技术发展的基础上，系统地寻求和选择有前途的产品作为开发对象，明确开发目标和要求、产品特性、项目赢点，制定企业的短期和长期的产品开发计划。产品规划包含行业研究、市场研究、竞品研究、数据分析、设定并宣贯远景目标等一系列复杂的工作。

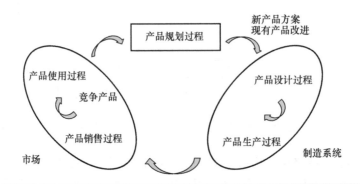

图 2-4　产品规划：连接市场与制造资源系统的桥梁

汽车产品规划系统流程如图 2-5 所示，包括形势分析（市场、环境、企业的分析）、机会分析、确定竞争领域、确定开发对象以及定义产品等。

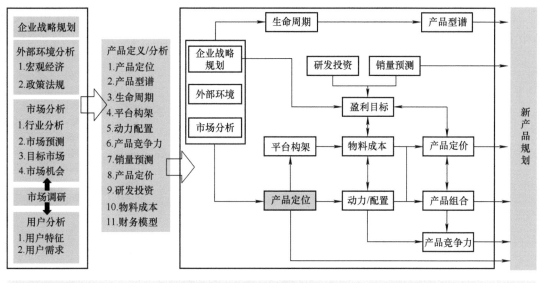

图 2-5　汽车产品规划系统流程

### 1. 市场及用户需求分析

市场分析的主要任务是根据已获取的市场调研信息，运用统计学原理分析市场及其销售趋势的变化。市场分析框架如图 2-6 所示。

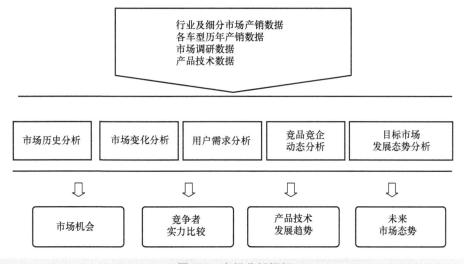

图 2-6　市场分析框架

随着新产品开发逐渐由传统的产品导向转为市场导向，用户需求分析在市场综合分析中的重要性越发突出。在市场分析过程中充分了解用户需求，获取足够的顾客声音（VOC）数据能够帮助企业：①了解市场情况及未来发展趋势；②了解行业的发展现状及未来走向；③为新产品规划提供线索及指导策略；④确定企业为客户提供什么样的产品和服务并识别其关键特性；

⑤建立客户体验及满意度的基本测量指标，并以此来测量改进成果；⑥确定客户的愉悦体验及满意度的关键驱动因素。在当今大数据时代，能够掌握详尽且真实准确的 VOC 大数据，才有机会抢占市场先机。

根据用户购车的逻辑序列和时间序列，可将用户需求划分为三个大类、三个层次相交叉的八个主要板块，如图 2-7 所示。用户需求的研究流程如图 2-8 所示。

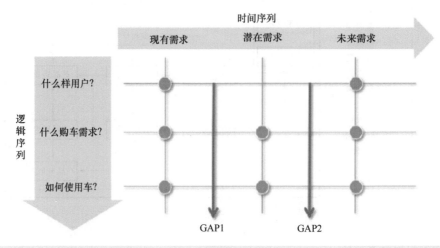

图 2-7　用户需求框架

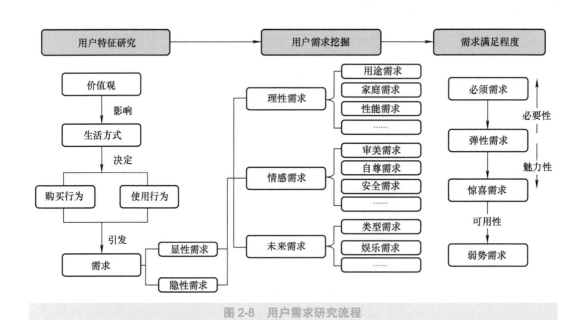

图 2-8　用户需求研究流程

**2. 市场调研**

为了规划出符合顾客需求的新产品，在产品规划和产品开发过程中，需要持续进行消费者调研和新产品测试调研，来回答产品规划和产品开发中一些关键的问题。这是产品规划中必不可少的辅助工具。市场调研通常采取两种研究方法，即定性研究和定量研究。常用的定性研究方法有深度访谈、小组座谈会、专家意见等；常用的定量研究方法有电话访问、客户面访、意见领袖研究、市场普查、产品留置访问等。

## 2.2 汽车开发类型与生命周期运营

—— 案例 ——

1. M 车是一款近年来广受欢迎的电动汽车，厂家每一年都会针对车辆的性能和驾驶体验进行改进。新车型在 2016 年发布后持续升级，直到 2022 年仍为行业领先水平。

2. T 车是一款全球销售的车辆，自推出以来已经进行了多次产品升级，历代车型都对动力性能、造型设计、底盘系统进行了改善和升级，适应了不同时期的市场需求和技术进步。

汽车产品开发往往需要花费数亿元。为了保持产品市场竞争力，汽车产品往往除了初期产品，厂商还需要对其开展生命周期的运营和维护工作，从而延长其产品寿命。

### 2.2.1 汽车产品迭代

汽车产品迭代是指汽车制造商根据市场需求和技术发展，不断推出新的汽车型号，并逐步淘汰旧的型号，形成新老交替的过程。这个过程通常伴随着汽车性能、功能、外观等各方面的改进和创新。

汽车产品迭代的原因在于汽车技术的快速发展和市场需求的不断变化。例如，随着汽车智能化和电气化的推进，汽车内部的芯片和软件等电子部件的更新速度也在加快，使得汽车产品的迭代速度相应地提高。

产品快速迭代对消费者来说，意味着他们可以享受到最新的技术和最好的性能，对于汽车制造商来说，需要面对在迭代开发中平衡新旧产品的生产和销售、确保新产品的质量和可靠性等问题和挑战。

### 2.2.2 汽车开发类型与生命周期运营

依据产品迭代变化的范围，分为全新换代、中期改款、年款等。汽车开发类型大致按照下述 4 种类型进行分类，如图 2-9 所示。

1）全新 / 换代：全新是为了开拓市场，新增全新产品（产品线新增车型）；换代是为了维持或提升市场份额，在现有平台基础上开发新产品，大幅提升产品竞争力。

2）中期改款（中改）：为了维持或提升市场份额，在现有平台基础上通过对造型及配置的优化升级，维持产品竞争力。

3）年款：定期（通常为每年）在现有平台基础上通过对产品的外观和内饰局部优化（材质或颜色）、配置优化维持竞争力。

4）其他：除上述的开发范围以外，还有一些其他的开发类型方式，如一些新需求的迭代快速开发。

| 类型 | | 目的 | 平台/模块 | 外观 | 内饰 | 车身 | 底盘 | 动力总成 | 装备配置(含智能网联) |
|---|---|---|---|---|---|---|---|---|---|
| 全新/换代(FMC) | 全新 | 为了开拓新市场，新增全新产品(产品线新增车型) | 升级/不变 | 全新造型(涉及较多钣金件) | 全新造型(仪表板、中控、座椅) | 全新设计 | 全面升级/全新 | 全面升级/全新 | 全新配置规划 |
| | 换代 | 为了维持/提升市场份额，在现有平台基础上开发新产品，大幅提升产品竞争力 | | | | | | | |
| 中期改款(MMC) | | 为了维持/提升市场份额，在现有平台基础上通过造型、配置优化升级，维持竞争力 | 不变 | 前后脸、轮辋等造型优化、大灯结构优化、(可能涉及钣金件) | 仪表板、门板骨架不变/局部优化 | 不变 | 不变 | 不变 | 优化与升级(涉及智联/科技/安全等) |
| 年款(AMC) | | 为了维持市场份额，在现有平台基础上通过外观和内饰局部优化(材质或颜色)、配置优化维持竞争力 | 不变 | 前后脸塑料件、轮辋等局部造型优化 | 局部材质或颜色优化 | 不变 | 不变 | 不变 | 优化(不涉及智联/科技/安全等)与下探，含精品配置追加 |

图 2-9  某汽车企业新车型开发类型分类

汽车产品生命周期运营包括了从产品第一代上市，到年款、中期改款、第二代产品推出一直到产品终止销售的全周期。通俗地说，就是企业对产品的"管生、管养、管埋"。

生命周期与销量、终端售价的关系如图 2-10 所示。汽车产品需要通过产品的不断更新来维持价格、销量的稳定，如果不持续进行生命周期维护，可能会导致汽车产品的市场份额不断缩小，最终被体验更好、性价比更优的竞争产品所取代。

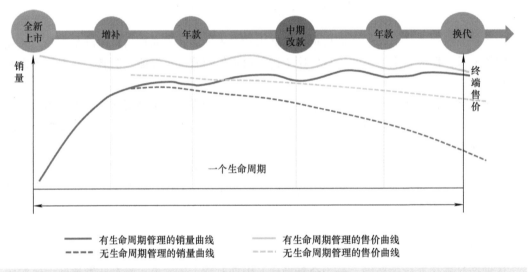

图 2-10  生命周期与销量售价关系

## 2.3 汽车开发流程

乘用汽车商业开发周期较长，狭义的乘用汽车开发流程包括产品的概念定位、商业论证、设计、模型制作、试验验证以及取得国家及法律法规要求的许可批量化生产。广义的开发流程还包括汽车概念定位前的市场预测与技术预测、平台开发、汽车投入生产后的运维等工作以及汽车开发涉及一系列应用技术。所以，汽车开发是一个将概念转化为产品，投入市场化运营的系统工程，如图 2-11 所示。

按照乘用汽车的开发顺序，乘用车开发主要包括以下阶段：预研阶段、可研阶段、概念设计阶段、详细设计阶段、设计验证阶段、生产准备阶段、批量化生产阶段。在各阶段之间设置里程碑，通过对上一阶段的工作效果检查及下一阶段的工作准备情况确认，判断项目是否能继续开展并进入下一阶段，如图2-12所示。

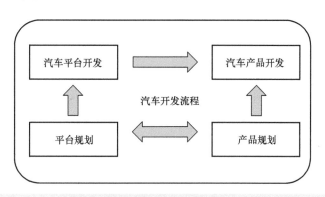

图2-11　汽车开发与产品规划的关系

图2-12　汽车开发流程图

## 2.3.1　预研阶段

—— 案例 ——

某企业的市场企划部门在对市场进行分析后，选择某细分市场作为目标，希望通过一款产品进入该细分市场，并取得一定的市场份额，同时认为目前该细分市场为蓝海市场，正处于扩张阶段，向公司提案建议开发一款新的汽车作为进入市场的产品，也与目前公司的战略目标相符。公司管理层听取了分析，批准了提案方案，并签批了项目启动书以便开展进一步的可行性分析。

根据对企业中长期发展战略规划、产品谱系规划、市场机会研究以及产品生命周期规划等的研究，在产品型谱向产品项目的转化阶段，企业会启动对该汽车项目的市场定位及商品概念的具体研究工作，决定是否启动产品项目的初步可行性研究。项目启动的时机一般会依据企业的资源、竞品的产品节奏、产品开发周期的估算等信息，确定一个合适的启动点。

企业通过开展市场调研活动和用户与市场机会研究，深入地分析产品在产品型谱中的定位以及与竞品对比的优劣势，确定商品企划思路和方案，明确目标市场、竞争格局、用户画像、关键的商品参数、独特卖点（Unique Selling Proposition，USP）、大致的价格带、计划的市场份额、产品的迭代策略等信息。同时在企业内部联络各个相关方，正式启动新产品项目。

项目预研即项目预备可行性研究。其主要内容是通过市场预测分析、技术架构选择、成本与收益评价，对项目的前景、投入和产出比概算分析，以进一步确定目标用户、售价、销量等商品定位内容。

企业中负责新产品推进的部门接收到新车型项目开发联络和商品企划方案后，统筹组织召开项目启动会、启动组建项目团队，并分析项目商品企划方案，开展预研工作分工以及制定工作计划，正式启动新车型项目预研。

项目团队对商品企划方案进行分析研究，并组织相关方进行初步的可行性论证，输出车型可行性研究的前提，并明确立项前期推进计划，组织商品定位及概念的评审，待商品企划要素、成本及收益等目标评审通过后，方可开展项目可研阶段的工作。

## 2.3.2 可研阶段

—— 案例 ——

一家汽车制造公司计划推出一款新型电动汽车（EV）。这款 EV 的目标是成为市场上最高效、最环保的车型。公司希望通过这款 EV 来改变人们对电动汽车的认知，并在市场上占据一席之地。

其商业论证过程具体如下。

1）市场调研：公司首先进行了市场调研，以了解消费者对电动汽车的需求和期望。他们发现，虽然电动汽车的需求正在增长，但消费者对其续驶里程、充电时间和价格等方面仍存在疑虑。此外，市场上的电动汽车品牌众多，消费者的选择也很多样化。

2）目标市场定位：基于市场调研的结果，公司确定了其目标客户——那些关心环保、追求效率且有一定经济实力的消费者。

3）产品特性和优势：该公司的电动汽车采用了最新的电池技术，使得其续驶里程大大超过市场上的其他电动汽车。此外，该公司还为电动汽车设计了快速充电系统，使得用户能够在短时间内完成充电。最重要的是，该公司的电动汽车在价格上比同类产品更具竞争力。

4）营销策略：为了推广这款新产品，该公司制定了一系列的营销策略，通过社交媒体、广告和线下社群活动等多种方式来提高产品的知名度。同时，该公司通过提供了一些优惠政策，如购车贷款、免费充电等，来吸引更多的消费者。

5）风险评估：该公司在推出新产品之前，也对可能面临的风险进行了评估。如前期在投放电动汽车时，受到基础设施（如充电桩）普及程度的限制。

案例启示：通过对市场的深入分析和有效的商业论证，公司成功地推出了新款 EV 车型。虽然在推出新产品的过程中面临了一些挑战，但该公司通过优秀的产品设计、有效的营销策略和明智的风险评估，成功地赢得了市场的认可。这个案例表明，对于任何汽车产品的开发和推广，都需要进行深入的商业论证，以确保产品的成功。

项目可研也称为项目可行性研究或商业论证（Business Case），是通过对已相对确定的商品定位及概念的产品方案的收益进行有效性论证，并做出继续／终止项目的决策。项目可研通过是启动后续项目管理活动的依据。

在汽车项目的可研阶段，重点开展两项工作：进行可行性研究、启动项目的范围管理。

### 1. 可行性研究

在项目可研的评审中，要明确实现汽车商品定位需要在产品技术方案、制造工艺、生产供应、公告认证、营销渠道及售后服务等各个领域投入的代价及达成策略，同时在这个阶段内要完成项目可研相关的审批流程。

常见的汽车开发项目的商业论证方案大纲包括以下主要内容。

1）项目概况：概述项目的商品定位含建设周期等项目开发目标的要素信息。

2）项目背景和必要性：结合行业趋势、企业战略等信息阐述项目开发的必要性。

3）问题分析与对应方案：分析本品或过往的汽车产品存在的问题并提供解决方案。

4）市场分析：分析该项目在市场的机会，论证市场表现的预期。

5）建设方案：分析汽车产品的技术方案，论证技术可行性及代价。

6）配套原则与方案：分析批量生产线的工艺方案，论证工艺可行性及代价。

7）组织机构与项目大日程计划：组建项目团队成员，并初步规划项目大日程，明确建设周期。

8）投资估算与资金筹措：对项目开发的所有投入明细分析，论证可行性，并确定资金来源及构成。

9）经济性/预期效果分析：通过对项目的投入、产出的综合性分析，论证项目建设完成后商业成功的可行性。

10）风险分析：对内外部环境、项目的所有过程、相关方等进行全面的风险评估，对风险进行分级分类评估，制定措施。

11）结论：综合所有分析及可行性论证的评估，请示项目是否可立项，开始项目的开发。

商业论证是一个持续的过程。从项目构思阶段到立项规划阶段、项目实施、项目产品推广、评估验收阶段中不断完善，商业价值的论证与收益实现的管理流程如图2-13所示。

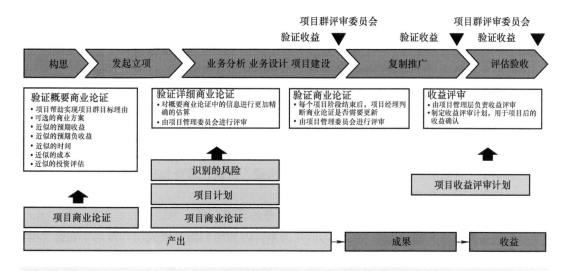

**图 2-13 商业价值的论证与收益实现管理流程**

## 2.启动项目的范围管理

—— 案例 ——

BC公司刚刚与N公司签署了一份全新的合同，合同的主要内容是升级N公司之前使用的信息系统。升级后的系统旨在适应N公司新的业务流程和范围。为了确保顺利进行，项目经理王工特地邀请了原系统的需求调研专员陈工担任该项目的需求调研负责人。在陈工的协助下，很快完成了需求开发工作并进入了设计与编码阶段。由于N公司业务繁忙，因此业务代表无法充分投入项目，导致需求确认工作一直未能完成。王工认为，由于双方已建立了密切的合作关系，陈工也参与了原系统的需求开发，对业务系统较为熟悉，因此定义的需求应该是清晰的。因此，王工并没有催促业务代表在需求说明书中签字。

在进入编码阶段后，陈工因个人原因移民加拿大，必须离开项目组。考虑到系统需求已经明确定义，项目已进入编码期，陈工的离职虽然会对项目造成一定影响，但影响较小。因此，王工很快办理了陈工的离职手续。

在系统交付阶段，N公司的业务代表认为许多已提出的需求未被实现，已实现的需求也不能满足业务要求。业务代表要求在验收之前必须全部实现这些需求。由于陈工已不在项目组，没有人能够清晰地解释需求说明书。最终，系统需求发生了重大变更，导致项目延期超过50%，N公司的业务代表因项目延期表达了强烈的不满。

请问：针对上述情况，你认为该项目实施的过程中的主要问题有哪些？如何避免类似问题？

项目范围管理是一种旨在明确项目包含工作内容并加以控制的关键过程。项目范围管理的本质在于确定项目的实际执行内容，包括明晰需要完成的工作和明确排除的工作，其核心是工作内容的设定和取舍。这一过程的目的在于确保项目团队与项目干系人对项目产品及其制造过程有着共同的理解。

在项目范围管理中，项目团队必须明确决定将哪些任务纳入项目范围，而哪些任务应该被排除在外。这包括对于项目产品特性的明确定义，以及生产这些产品所需的过程的详细规划。通过明晰地界定项目的边界，项目范围管理有助于避免范围蔓延，提高项目交付的可控性。因此，该过程在整个项目生命周期中扮演着至关重要的角色，确保各方在项目目标和期望方面取得一致性。

（1）收集需求

收集需求是为实现项目目标而确定、记录和管理干系人需求的过程。该过程的主要目的在于为定义产品范围和项目范围打下基础。在收集需求过程中，项目团队通过与干系人互动，明确他们的期望、需求和约束条件。这涉及有效的沟通、访谈、调查和其他技术手段，以确保所有关键信息都被充分考虑和记录。

通过收集需求，项目团队能够获取产品或服务的详细信息，为后续的范围定义提供基础。这个过程还有助于建立起与干系人之间的信任关系，因为他们感到被关注和理解。在整个项目生命周期中，需求的准确性和完整性对于项目的成功至关重要。

因此，收集需求不仅是项目启动的重要一步，也是确保项目团队理解干系人期望，并能够以之为基础进行产品范围和项目范围定义的关键环节。

需求的类别及内容见表 2-1。

表 2-1 需求的类别及内容

| 类别 | 内容 |
|---|---|
| 业务需求 | 整个组织的高层级需要，例如，解决业务问题或抓住业务机会，以及实施项目的原因 |
| 相关方需求 | 相关方或相关方群体的需要 |
| 解决方案需求 | 为满足业务需求和相关方需求，产品、服务或成果必须具备的特性、功能和特征。解决方案需求又进一步分为：<br>① 功能需求。描述产品应具备的功能，如产品应该执行的行动、流程、数据和交互<br>② 非功能需求。对功能需求的补充，是产品正常运行所需的环境条件或质量要求，如可靠性、保密性、性能、安全性、服务水平、可支持性、保留或清除等 |
| 过渡和就绪需求 | 描述了从"当前状态"过渡到"将来状态"所需的临时能力，如数据转换和培训需求 |
| 项目需求 | 项目需要满足的行动、过程或其他条件，如里程碑日期、合同责任、制约因素等 |
| 质量需求 | 用于确认项目可交付成果的成功完成或其他项目需求的实现的任何条件或标准，如测试、认证、确认等 |

（2）定义范围

定义范围是制定项目和产品详细描述的过程。该过程的主要作用是明确产品、服务或成果的边界以及相应的验收标准。

在定义范围的过程中，项目团队负责详细描述项目的特征和功能，确定何时产品或服务被认为是完成的。这包括对项目的界限进行明确划定，阐明什么任务是在项目中包括的，以及什么任务是明确排除的。

通过定义范围，项目团队才能确保各方对于项目的期望和交付物的规格有一致的理解。同时，明确的验收标准有助于在项目完成时进行有效的验收和确认。这个过程的结果是制定出一个明确的范围说明书，为项目的后续阶段提供清晰的指导。

定义范围是确保项目成功的关键一步，为整个项目提供了明确的方向，以便在项目执行的过程中保持一致性和透明度。

（3）创建工作分解结构（WBS）

创建工作分解结构（WBS）是将项目的可交付成果和工作分解为更小、更易于管理的组件的过程。该过程的主要目的是为可交付成果提供结构化的视图，以可交付成果为中心，将任务逐层分解为已知的任务，从而支持实时的计划和情况追踪，便于估算和任务分配，以及方便项目干系人之间的沟通。

创建工作分解结构即通过逐层分解项目任务，使其达到可预测和可管理的单个活动水平。在 WBS 中，每个工作都是必须做的，而任何不在 WBS 中的工作都是必须不做的。此过程的有效性可通过以下标准进行评估。

1）一个单位工作任务只能在 WBS 中出现在一个地方。

2）WBS 中的每项工作都只由一个人负责，即使该工作需要多人合作完成。

3）WBS 必须与实际执行工作任务的过程相一致。

4）项目团队成员必须参与 WBS 的制定，以确保一致性和全员参与。

5）每一个 WBS 都必须进行归档，以确保准确理解包含的工作范围和排除的工作内容。

6）在控制项目工作内容的同时，WBS 必须具有一定的灵活性，以适应无法避免的变更需求。

WBS 的最底层称为工作包，其中包括计划的工作。这一层次的详细程度因项目的大小和复杂程度而异，由负责具体工作的人员进行分解，以确保能够可靠地估算和管理工作成本和活动持续时间。

（4）控制范围

由于项目条件和环境的不断变化，项目范围可能发生变动，而这可能导致项目工期、成本或质量等方面的改变，因此，对项目范围变更必须进行严格的控制。

控制范围是监督项目和产品范围状态，管理范围基准变更的过程。该过程的主要目的是在整个项目期间维护对范围基准的控制，并确保在项目执行的各个阶段都能够进行有效的控制。

管理项目范围变更是一项持续的任务，需要在整个项目期间进行。这确保了项目团队对范围的变更有敏感性，并能够及时采取措施，以防止产生潜在的负面影响。

范围变更的管理必须与其他控制过程（如进度控制、费用控制、质量控制等）进行协调和结合。因为项目范围的变更往往需要调整费用、时间、质量和其他项目目标，综合考虑这些方面是确保项目整体成功的重要因素。通过综合管理，项目团队可以更好地应对范围变更，保持项目目标的一致性，并最大限度地满足利益相关方的期望。

### 2.3.3　概念设计阶段

—— 案例 ——

某企业在汽车产品预研阶段启动造型概念工作，并同步开展项目的商业论证，但在论证过程中企业的战略发生了重大调整，已经开始的造型图纸概念的方向与目前企业的战略定位与产品规划有较大差异，需要重新研究产品的概念定位，对产品的造型重新进行图纸及模型的设计工作。

概念设计阶段是在产品战略明确并且项目可行性获批准基础上，完成产品概念设计方案的开发，包括整车各项性能目标、全尺寸造型模型、关键零部件设计、整车物料成本、制造工艺方案、质量标准等。

概念设计主要分三个阶段：总体设计、造型设计、制作油泥模型。

（1）总体设计

总体设计是汽车的总体设计方案，包括车舱及驾驶室的布置、动力及传动系统的布置、车架和承载式车身底板的布置、前后悬架的布置、制动系的布置、油箱、备胎和行李舱等的布置、空调装置的布置等。

（2）造型设计

总体设计完成后，设计师在其确定的基本尺寸的上进行造型设计，包括外形和内饰设计两部分。设计草图是设计师快速捕捉创意灵感的最好方法，设计草图都比较简单，但能勾勒出设计造型的神韵，或简洁，或稳重，或复古，或动感。设计师通过大量的设计草图提出创意。

（3）制作油泥模型

草图绘制完成后，设计师使用绘图软件制作三维计算机数据模型，得到更为清晰的设计表现效果，随后进行 1:5 的油泥模型制作。综合考虑美学、工艺、结构等因素评审通过后，进行 1:1 的油泥模型制作。

目前，随着技术的进步，各大汽车厂的全尺寸整车模型均由5轴铣削机铣削成形。用这种方法制作一个模型只需1个月甚至更少的时间。

在造型方案逐步确定的过程中，项目团队会同步开展产品设计方案的定义及论证工作。结合汽车的商品概念定义，将汽车产品的开发目标按一定的规则进行分解和量化，形成确定的开发目标，包括动力系统、电气系统方案等，并完成整车所有性能目标的设定及分解（包含经济性、排放性、安全性、动力性、NVH等整车主客观性能指标），均需符合商品概念和定位要求。

结合确定的整车开发的所有性能指标，对可行性研究阶段的初步技术方案进行细化论证，明确大量的技术方案选型，启动汽车的外购零部件供应商的确定工作，随后联合供应商启动同步设计开发工作。

### 2.3.4　详细设计阶段

详细设计又称为汽车的工程设计阶段，即完成造型设计后对整车进行细化设计的过程。各个总成分发到相关部门分别进行设计开发，形成可用于模具制作的零件数据。主要包括以下几个内容。

（1）总布置设计

对总布置草图进行细化，精确零部件的尺寸、位置、详细结构、技术参数及质量标准。包括前机舱、底盘、内饰、外饰及汽车电器等。

（2）动力系统工程设计

一般新车型的开发都会选用原有成熟的发动机、变速器动力总成或电池、电驱、电控系统，或者其他混合动力系统，然后结合新车型的特点及要求，对发动机或电池、电驱、电控系统进行布置并进行匹配，这一过程一直持续到样车试验阶段，与底盘工程设计同步进行。

（3）底盘工程设计

底盘工程设计包括传动系统、行驶系统、转向系统、制动系统的设计。主要工作包括：①尺寸、结构、工艺功能及参数方面的定义、计算，根据计算数据完成三维数模；②根据三维数模进行模拟试验及零部件的样品的制作；③根据三维图完成设计及装配图。

（4）车身造型数据

使用三维测量仪器对油泥模型进行测量，测量数据以点的形式记录，包含三维坐标、颜色、反射率、强度等信息，称为点云，依据点云使用Catia、UG imageware等曲线软件构建汽车产品外形。

（5）白车身工程设计

白车身的工程设计工作是在车身造型结构基础上进行的，同样使用三维数模软件构建，如UG、CATIA等，并进行材料的选择，以及开展工艺性、焊接性、装配等分析。

白车身指的是车身结构件以及覆盖件的焊接总成，包括发动机罩、翼子板、侧围、车门以及行李箱舱在内的未经过涂装的车身本体。白车身是保证整车强度的封闭结构。

（6）内外饰工程设计

内外饰零部件的详细设计，是与配套供应商一起进行的开发工作，很多汽车企业并不会全部进行自主设计开发。

内饰件主要包括仪表板、转向盘、座椅、安全带、安全气囊、地毯、侧壁内饰件、遮阳板、扶手、车内后视镜等。

外饰件主要包括前后保险杠、玻璃、车门防撞装饰条、进气格栅、行李架、天窗、后视镜、车门机构及附件和密封条等。

（7）电气工程设计

电气工程设计负责全车的所有电器设计，包括刮水器系统、空调系统、各种仪表、整车开关、前后灯光以及车内照明系统。除了上述各类电气控制系统外，还通过汽车的电气化架构进行设计开发，将汽车上的各类电器的控制系统单元进行整合集成，优化日益增加的汽车电控系统的设计。实现体积更小、算力更优、布置控制更优的集成电气化平台架构，并不断迭代完善。

（8）软件工程设计

汽车功能和性能的实现除了依托硬件系统工程开发，也需要进行软件匹配。随着汽车技术革新，越来越多的汽车搭载了娱乐影音、智能座舱、辅助驾驶等功能，通过汽车电气化平台及相关软件的设计开发，实现对新功能的支持和适配。

经过以上各个总成系统的设计，详细设计阶段完成，最终确认整车设计方案。此时可以开始编制详细的产品技术说明书以及详细的零部件清单列表，支持设计验证阶段的工作、开始进行产品法规的符合性验证。确定整车性能、校验设计方案达成开发目标后，将各个总成的生产技术进行整理合成发布产品数据文档，为产品的设计验证准备。

## 2.3.5 设计验证阶段

—— 案例 ——

一家汽车制造公司计划推出一款新型轿车，他们将安全性视为设计的核心要素之一。为了确保新车在碰撞事故中具有卓越的安全性能，设计团队决定进行设计验证。

设计验证过程：

1）初步设计评审：设计团队分析了车辆的结构、材料和系统设计，以确保它们符合最新的安全标准。评审小组还将设计方案与公司历史上成功的安全设计案例进行了对比分析和初步计算，以验证车辆在正面、侧面和后部碰撞情况下的预期性能。

2）详细设计评审：在初步评审后，设计团队深入研究了设计的各个细节。他们确保了车辆的各个部件（如气囊系统、座椅安全带和车身结构）都满足设计标准。详细设计评审还包括了多轴碰撞测试的模拟分析，以评估车辆在多种碰撞情况下的表现。

3）验证测试：在详细设计评审后，设计团队制定了一系列碰撞测试方案，包括正面、侧面和后部碰撞等，并在专业的碰撞测试实验室中进行了测试，过程中使用高速相机和传感器来记录和分析碰撞事件。测试结果显示，新车在所有测试中都表现出色，符合严格的安全性能标准。

结果：设计验证的成功实施确保了新型乘用车在碰撞安全方面的卓越性能。该汽车制造公司在市场上推出了一款备受欢迎的安全型乘用车，为客户提供了卓越的安全保障，提高了其品牌声誉。

这个案例凸显了设计验证在汽车安全性能开发中的关键作用，以及如何在过程中通过分阶段评审和测试来确保产品的安全性。

1. 设计验证的概念

（1）设计验证的定义

设计验证是产品开发过程中的一个关键阶段，旨在确认设计方案是否满足特定的要求、标准和规格。它是确保产品在实际使用中具有预期的安全性、可靠性、耐久性等的重要手段，也是满足用户不同场景的驾乘体验的验证手段。

（2）设计验证的重要性

在汽车开发中，设计验证对于确保车辆的各项性能至关重要。它有助于确保汽车符合国际安全标准和法规、识别和解决潜在问题、减少产品缺陷和召回的风险，以实现提高客户满意度和品牌声誉。

（3）设计验证的工作所处阶段

设计验证通常在产品开发的中后期进行，紧随初步设计和详细设计之后，确保设计的实际执行与最初的规划一致。

（4）设计验证的目标

设计验证的目标是验证产品的各项性能是否达成设计目标，包括确保产品在各种条件下、一定使用周期内都能正常工作并满足客户的需求。通过设计验证，可以识别并解决潜在的设计缺陷和问题，确保产品的质量。

（5）设计验证的关键角色

设计验证涉及多个团队和专业领域，包括零部件设计工程师、系统工程师、整车集成工程师、各项性能调校工程师、电子电气功能测试工程师、试验团队、供应商联合开发团队、质量控制专家等。这些团队共同合作才能确保验证过程的成功实施。

（6）设计验证的输出

设计验证的结果通常包括试验和测试报告、验证合格证书、验证全过程数据记录等。这些文件记录了产品的验证过程和结果，可以作为产品发布的依据。

（7）设计验证与其他阶段的关系

设计验证在产品开发过程中起到承上启下的作用，它不仅确保了初步设计和详细设计的方案执行可达到预期标准，也为接下来的生产准备阶段奠定了坚实的基础。

2. 设计验证的步骤

设计验证是确保产品设计符合特定要求和规格的关键过程，包括一系列步骤和方法，以确保产品在各个方面都达到预期标准。以下是设计验证的主要步骤。

（1）初步设计评审

在设计验证的开始阶段，团队进行初步设计评审，包括对设计方案的初步评估，以确保它能满足基本的功能和性能要求。在初步设计评审中，关注以下方面。

1）功能性需求：确认产品的基本功能是否在设计中得到满足。

2）性能标准：验证设计是否满足性能标准，如速度、功率、燃油效率等。

3）安全性：初步评估产品的安全性，包括潜在的安全风险和问题。

（2）详细设计评审

在初步评审后，设计团队进行了详细设计评审。这一阶段需要更深入地研究设计的各个细节，以确保所有细节都符合技术规范和客户需求。在详细设计评审中，关注以下方面。

1）设计细节：仔细审查产品的设计细节，包括零部件、材料选择和制造流程。

2）技术规范：验证设计是否符合技术规范和标准，确保产品的可制造性和可维修性。

3）客户需求：确保设计满足客户的期望和需求，包括外观、功能和性能方面。

（3）验证测试

设计验证的最后阶段是验证测试。这一阶段包括一系列严格的测试程序，以确保设计在实际条件下的可靠性和安全性。验证测试可能包括以下测试工作。

1）碰撞测试：测试车辆在不同类型碰撞情况下的表现，包括正面、侧面和追尾碰撞。

2）耐久性测试：模拟长时间和恶劣条件下使用的测试，以评估车辆的耐久性。

3）环境适应性测试：测试车辆在各种气候和环境条件下的性能。

这些验证测试的结果将成为设计验证的关键输出，用于确定产品是否符合要求和标准。

**3. 设计验证的方法和工具**

设计验证涉及使用各种方法和工具来确保产品设计符合特定要求和规格。下面介绍几种设计验证中常用的方法和工具。

（1）计算机辅助工程仿真（CAE）分析

1）方法描述：CAE分析是通过计算机模拟和数值仿真来评估产品的性能和行为的方法，包括结构分析、流体动力学分析、热分析等。

2）应用：CAE分析可用于预测产品在不同工作条件下的性能，包括强度、稳定性、流体流动、热传导等。

3）工具：常见的CAE工具包括有限元分析（FEA）、计算流体动力学（CFD）、多体动力学仿真工具等。

（2）工程样车测试

1）方法描述：工程样车测试是通过制造和测试实际产品原型来验证设计的方法。其主要工作是制造物理原型并进行实际测试。

2）应用：工程样车测试可用于验证产品的实际性能、可制造性和可维修性。

3）工具：测试设备、仪器和测量工具，如传感器、示波器等。

（3）环境测试

1）方法描述：环境测试是在模拟实际使用条件下测试产品性能的方法，包括温度、湿度、振动、腐蚀等各种环境条件的测试。尤其包括一些特殊场景测试，如"五高一山一尘"，即高温、高寒、高原、高腐、高湿、山路、沙尘的环境验证。

2）应用：环境测试可用于评估产品在不同环境条件下的性能和耐久性。

3）工具：环境测试室、试验设备、监测仪器等。

（4）样品测试

1）方法描述：样品测试是从生产线上随机选取一些产品样本进行测试的方法，以评估产品的质量和性能。

2）应用：样品测试可用于监测生产质量，并在发现问题时采取纠正措施。

3）工具：测试设备和检测工具。

（5）标准测试

1）方法描述：标准测试是使用标准测试程序和方法来评估产品的性能和合规性。

2）应用：标准测试确保产品符合国际安全标准和法规。

3）工具：标准测试程序和设备。

（6）故障树分析（FTA）

1）方法描述：FTA 是一种系统性的分析方法，用于识别和评估系统中的潜在故障和失效。

2）应用：FTA 可用于确定哪些故障可能导致产品性能问题，以便采取预防措施。

3）工具：FTA 软件工具和故障树图。

这些方法和工具是设计验证过程中常用的，它们帮助确保产品在各个方面都符合要求和标准，以满足客户需求并提高产品质量。在设计验证过程中，可以根据具体情况选择适当的方法和工具。

#### 4. 设计验证中常见的挑战和解决策略

通过识别设计验证中常见的挑战并采取相应的解决策略，可以令设计验证过程更加顺利地进行，确保产品的性能和质量达到预期标准。这些策略有助于降低风险，提高验证过程的效率和可靠性。在设计验证中常见的挑战和解决策略有以下几点。

（1）不完整的设计规格

1）挑战：设计验证的规格文件可能不完整或含糊不清，导致验证的困难。

2）解决策略：与设计团队密切合作，确保规格文件清晰明确。定期与相关方进行沟通，以确保对需求的共识。

（2）设计变更

1）挑战：在验证过程中可能出现设计变更，这可能会对验证计划和进度产生不利影响。

2）解决策略：建立有效的变更管理流程，确保变更被适当记录和评估。调整验证计划，以适应设计变更，同时尽量减小影响。

（3）资源限制

1）挑战：有时可能会受到时间、预算和人力资源的限制，难以进行充分的验证。

2）解决策略：优先考虑关键验证任务，确保关键性能得到验证，同时寻找外部资源，如合作伙伴或外包，以弥补资源不足。

（4）使用场景复杂性和多样性

1）挑战：现代汽车设计可能涉及多种技术和复杂性，导致验证过程复杂。

2）解决策略：将验证任务分解为更小的子任务，以便更好地管理和监控。使用模拟和仿真工具来降低复杂程度。

（5）数据管理和分析

1）挑战：大量的验证数据需要有效管理和分析，以得出可靠的结论。

2）解决策略：使用数据管理系统来组织和存储数据，确保数据的完整性和可追溯性。使用统计分析工具来处理和解释数据，以支持决策。

（6）法规和合规性

1）挑战：汽车行业面临着严格的法规和合规性要求，需要确保产品符合这些要求。

2）解决策略：确保验证过程满足相关的法规和合规性要求。定期进行合规性审核，以确保产品持续满足要求。

（7）团队合作

1）挑战：验证过程通常需要跨多个团队和部门的合作，可能会出现沟通和协调问题。

2）解决策略：建立有效的沟通渠道，促进团队之间的信息共享。确保团队成员具备跨团队合作的技能和意识。

## 2.3.6 生产准备阶段

—— 案例 ——

**案例1：汽车的生产准备**

T企业作为一家电动汽车制造商，面临着从小规模生产到大规模生产的挑战。这个转变涉及生产准备的多个方面，包括工厂布局、自动化以及供应链管理。为此，T企业开展了以下工作。

生产规模化：T企业需要将其生产能力从几千辆扩大到数十万辆，同时保持质量和成本效益。

自动化和创新：有效地利用自动化和创新技术来提高生产率，降低成本。

供应链管理：在快速增长的需求下，保证原材料和组件的稳定供应。

工厂设计和优化：重新设计工厂布局，以提高生产率。这包括使用先进的生产线和自动化技术。

高度自动化的生产线：引入了高度自动化的机器人，减少了人工操作，提高了生产率和产品一致性。

强化供应链：加强与关键供应商的合作，确保原材料和关键组件的稳定供应。

这些策略帮助T企业实现了从小规模到大规模生产的过渡，同时保证了高质量和成本效益。

**案例2：丰田生产系统的生产准备**

丰田生产系统（TPS）是一种著名的生产管理方法，强调精益生产和持续改进。TPS在生产准备阶段的应用是一个经典案例，展示了高效生产系统的构建方法。TPS主要包括以下策略。

减少浪费：在生产准备阶段识别并减少浪费，如过剩生产、等待时间和过程中的不必要运动。

灵活性和响应性：建立一个能够迅速响应市场变化和客户需求的生产系统。

质量控制：确保在整个生产过程中保持高质量标准。

精益生产原则：丰田公司在生产准备阶段实施了精益生产原则，如"即时生产"和"自动化"，以减少浪费和提高效率。

持续改进：鼓励员工持续寻找改进生产过程的方式，促进了创新和效率。

质量管理：实施严格的质量控制措施，如在生产线上设立质量检查点。

通过这些策略，丰田公司能够建立一个高效、灵活且质量一致的生产系统，这是其在全球获得成功的基石。

这两个案例反映了在汽车行业生产准备阶段的不同挑战和解决策略，展示了如何通过有效的生产准备来实现规模化、效率提升和质量控制。

### 1. 生产准备的基本概念

（1）生产准备的定义

生产准备是一系列活动，旨在确保生产线准备就绪，实现从小批量试制到大批量高效生产。常见的全新车型开发的生产准备约为 9 个月，分 5 个阶段进行试制。其目的是包括确保生产流程的平稳运行，最大限度地减少延误和缺陷，并确保产品符合质量标准，满足用户需求。

（2）生产准备 5 个阶段

1）VH（Vehicle Homologation）：认证车及季节性标定车加工阶段。

2）PT0（Production Trial 0）：新产品首批硬模样件装车验证，公告和性能标定耐久用车加工阶段。

3）PT1-1（Production Trial 1-1）：工装件规格（功能、尺寸）符合性验证阶段，新产品全工序样件单机联动在线装车确认。

4）PT1-2（Production Trial 1-2）：新产品生产线整线联动条件下进行正式件质量符合性验证阶段。

5）PT2（Production Trial 2）：对新产品节拍、人员习熟度、一次合格率等小批量生产条件符合性开展验证的阶段，此阶段生产的车辆经评价后可以定向销售。

（3）效益

1）成本控制：通过有效的生产准备，可以降低生产成本，特别是通过减少浪费和提高效率。

2）时间管理：缩短产品从开发到推出市场的时间，加快市场响应速度。

3）质量提升：确保产品质量，减少生产缺陷和返工。

## 2. 面向生产的项目管理基础

（1）时间管理

1）计划制定：制定详细的时间表，确定每个生产准备阶段的开始和结束时间。

2）进度跟踪：管控进度，并提前识别潜在风险并制定预案和挽回措施，确保所有活动按计划进行。

（2）资源管理

1）人力资源：分配适当的人力资源，包括生产技术和工艺管理、质量管理、物流配套管理的工程师、技术员和工人。

2）物料和设备：确保所需的物料和设备可用并高效利用。

3）财务管理：制定预算，确保生产准备阶段的所有活动在预算范围内进行。

（3）风险管理

1）风险识别：识别可能影响生产准备阶段的各种风险，如供应链问题、技术故障等。

2）缓解策略：制定风险缓解计划，包括备用方案和应急响应措施。

3）持续监控：持续监控风险，并在必要时调整策略以应对新出现的问题。

这些基本概念和项目管理策略为确保汽车生产准备阶段的成功提供了坚实的基础。通过综合考虑这些要素，可以显著提高生产率和产品质量，同时控制成本和风险。

## 3. 关键技术和关键流程

（1）关键技术

1）计算机辅助设计（CAD）：用于精确设计汽车部件和整车结构，优化设计以减小质量、提高强度和改善空气动力学。

2）计算机辅助制造（CAM）：将 CAD 设计转换为实际的制造指令，用于编程机器人和其他自动化设备。

3）机器人技术和自动化：在装配线上使用机器人进行焊接、喷漆等任务，提高生产率和一致性，减少人为错误。

4）先进制造技术：如采用 3D 打印用于快速原型制造和复杂部件制造，采用自适应制造技术以应对设计变更和定制需求。

5）质量控制技术：使用自动化检测和测量系统保证部件质量。实施统计过程控制（SPC）监控生产过程。

（2）关键流程

1）试生产制造和测试：以试制车或部件进行实际测试，包括性能、安全性和耐久性测试。

2）生产线布局和设置：设计高效的生产流程和布局，包括机器和设备的放置以及物料的流动路径。

3）工艺规划和开发：确定生产每个部件的具体工艺步骤，开发和优化生产工艺以提高效率和质量。

4）供应链管理：确保所有必需的原材料和组件及时到位。与供应商合作，确保材料质量和供应的可靠性。

5）员工培训和团队构建：对生产线员工进行技术和安全培训。构建高效的团队以确保生产目标的实现。

这些关键技术和流程共同构成了汽车生产准备的基础，确保了从设计阶段到生产阶段的顺利过渡，并实现了高效、高质量的生产目标。

（3）质量保证方法

在汽车开发流程的生产准备阶段，实施有效的质量保证方法是确保最终产品满足高标准的关键。这些方法包括以下几点。

1）质量控制系统的建立。

质量标准的设定：制定清晰的质量标准和检验标准，确保产品符合预定的性能、安全要求以及产品质量一致性。

质量检查点：在生产线的关键环节设置质量检查点，如原材料入库、关键组装环节和最终产品检验。

2）过程控制和改进。

统计过程控制（SPC）：使用 SPC 工具监控和控制生产过程，及时识别和纠正过程偏差。

持续改进：鼓励员工提出改进建议，不断优化生产过程以提高质量。

3）员工培训和参与。

质量意识培训：对员工进行质量意识和技能培训，确保每个人都能理解其在质量控制中的角色。

全员参与：鼓励所有员工参与到质量保证过程中，从工人到管理层逐级对产品质量负责。

（4）环境保护和可持续性发展考虑

在当今世界，环境保护和可持续性发展是企业必须考虑的重要内容。在汽车生产准备阶段，需要考虑以下因素。

1）节能减排。

能源效率：选择高效的机器和设备，减少能源消耗。

减少排放：采用清洁能源和减少废气排放的技术，如使用环保型涂料和溶剂。

2）废物管理和循环利用。

减少废物产生：通过优化设计和生产过程减少废物。

回收和再利用：对生产过程中产生的废物进行回收处理，尽可能进行再利用。

3）环保材料的使用。

可持续材料：选择可再生或可回收的材料，减小对环境的影响。

有害物质替代：减少或替换有害化学品和材料，如采用无铅焊料和无卤素塑料。

通过这些质量保证方法和环境及可持续性措施，可以确保生产准备阶段在满足生产率和产品质量的要求的基础上，同时对环境保护和可持续发展做出贡献，这样有助于树立企业的社会责任感、提升市场竞争力。

## 2.3.7 批量化生产阶段

—— 案例 ——

**案例1：丰田公司的精益生产系统（TPS）**

丰田汽车公司的精益生产系统（Toyota Production System, TPS）被广泛应用于全球的制造业。

关键要素包括以下几点。

1）即时生产（Just-In-Time, JIT）：降低库存成本，提高生产率。

2）自动化和人机一体化：在出现质量问题时自动停机，确保质量控制。

3）持续改进：鼓励员工持续寻找改进生产过程的方法。

通过TPS，丰田公司实现了高效率、低成本和高质量的生产。TPS的成功对全球制造业产生了深远的影响，尤其是在提高生产率和质量管理方面。

**案例2：T企业的规模化生产挑战**

T企业从一家小规模的电动车制造商转变为大规模生产企业，这个过程中遇到了多项挑战。

关键要素包括以下几点。

1）生产规模化：面临从少量高端产品到大规模生产的转变。

2）供应链管理：在快速增长的需求下，确保原材料和组件的稳定供应。

3）生产自动化：在生产过程中大量使用自动化和先进技术。

T企业成功地实现了生产规模的大幅度扩展，但也面临了生产延迟和质量控制的挑战。

**案例3：福特公司的生产线革新**

20世纪初，亨利·福特引入装配线生产方法，彻底改变了汽车制造业。

关键要素包括以下几点。

1. 装配线生产：引入流水线方法，显著提高生产率。

2. 标准化生产：通过标准化部件和流程简化生产。

这一革新大幅降低了生产成本，使得汽车得以大规模普及。福特公司的生产线方法成为现代制造业的一个里程碑。

### 1. 批量化生产的定义

定义：在新车型性能、品质、成本、生产节拍等各项指标达成批量生产条件的前提下，开始连续大批量生产。

**2. 批量化生产的基本原则和流程**

（1）基本原则

1）标准化：统一生产标准，包括部件尺寸、生产方法和质量标准。通过标准化可以简化生产流程，减小变异和复杂性。

2）规模经济：利用大规模生产降低单位成本，实现原材料、设备和人力资源的最优配置和使用。

3）质量保证：在整个生产过程中实施严格的质量控制措施。多采用统计过程控制（SPC）和质量管理体系（如 ISO 9001）。

4）持续改进：不断寻找提高效率和降低成本的方法。鼓励员工积极参与业务和流程改进，实施改善和其他精益生产技术。

5）灵活性：尽管强调标准化，但保持一定的生产灵活性，能够快速调整生产线以生产不同型号或配置的汽车，以适应市场需求的变化。

（2）生产流程

1）设计转换：将汽车设计从工程样车转换为可大规模生产的模型，包括设计的细化和为批量生产做出必要的调整。

2）供应链管理：确保原材料和关键部件的稳定供应，优化供应链以降低成本、提高效率。

3）生产线建设和优化：设计并建立高效的生产线，尽可能使用自动化设备和机器人技术来提高生产率。

4）装配和生产：按照预定的流程和步骤进行装配和生产，重点是效率、一致性和质量控制。

5）测试和质量检查：对生产出的汽车进行严格的测试，包括安全性、性能、耐用性和环保性等测试。

6）实施最终的质量检查：确保每辆车都达到标准。

7）物流和分销：将完成生产的汽车运输到经销商或客户，优化物流以降低运输成本和缩短时间。

8）反馈和改进：收集客户反馈和市场数据，用于改进未来生产，持续监控和改进生产流程和技术。

批量化生产的这些原则和流程共同确保了汽车制造企业能够高效、经济地生产高质量的产品，同时适应市场的需求和变化。

**3. 生产率提升和成本控制策略**

（1）生产率提升策略

1）流程优化：使用精益生产技术，如即时生产（JIT）和持续改进，减少浪费；优化生产流程，减少不必要的步骤和中断。

2）自动化与机器人技术：在装配线上使用机器人和自动化设备，提高生产率和一致性。

3）采用先进的制造技术：采用一体式压铸、3D打印等制造技术，以提高效率和灵活性。

4）工作站和设备的有效布局：设计高效的生产线布局，确保物料和员工的流动最优化。

5）缩短物料搬运和运输时间：提高作业效率。

6）员工培训和参与：对员工进行技能和效率培训。鼓励员工参与改进流程，提出提高效率的建议。

（2）成本控制策略

1）供应链管理：优化供应链，确保原材料和组件的成本效益。与供应商协商，争取更好的价格和交货条件。

2）标准化和模块化：采用标准化部件和模块化设计，降低设计和生产成本，使生产更加灵活，降低更换和升级的成本。

3）库存管理：实施有效的库存管理系统，降低过剩库存、降低相关成本。采用 JIT 库存管理，可降低存储和资金占用成本。

4）提高能源和资源效率：提高能源利用效率，减少能源消耗，采用环保技术减少污染物产生和排放。

5）预算控制和监控：制定详细的生产预算，定期监控实际成本与预算的差异；快速响应偏差，采取措施纠正超支。

#### 4. 质量管理和控制

1）质量控制系统的建立与执行：建立全面的质量管理体系（如 ISO 9001），在关键生产环节实施质量检查和控制。

2）统计过程控制（SPC）：使用 SPC 方法监测生产过程，识别和纠正偏差；通过数据分析持续优化生产流程。

3）故障模式与效应分析（FMEA）：提前识别潜在的故障模式及其对生产和产品质量的影响；采取预防措施，降低风险和缺陷率。

4）员工培训和质量意识：对员工进行质量管理和控制的培训，培养全员的质量意识和责任感。

5）持续改进和反馈机制：鼓励员工提出改进建议，不断改进生产过程；收集并分析客户反馈，用于质量改进。

#### 5. 供应链管理和物流优化

1）供应商关系管理：与供应商建立稳定的合作关系，通过合作开发和质量协议确保供应品质。

2）库存管理和JIT系统：优化库存水平，降低库存成本和空间。实施即时库存（JIT）系统，降低库存水平，同时保持生产率。

3）供应链风险管理：识别并评估供应链中的潜在风险；制定应对策略，如采用多元化的供应来源。

4）物流和配送优化：优化物流网络，降低运输成本和缩短时间，如使用高效的运输方式和路径规划。

5）信息技术的应用：使用 ERP（企业资源规划）和 SCM（供应链管理）系统优化供应链管理，如利用大数据和分析工具进行供应链优化。

#### 6. 环境和可持续发展

1）节能减排措施：使用能效更高的生产技术和设备，采用清洁能源，减少排放。

2）废弃物管理和循环利用：最大限度地减少生产过程中的废弃物，通过回收和循环利用策略减少资源浪费。

3）环保材料的使用：选择可持续来源的材料，如再生材料，减少有害物质的使用，提高产品的环境友好性。

4）产品的生命周期评估（LCA）：评估产品从设计到废弃的全生命周期对环境的影响，优化设计以减少产品全生命周期中的环境影响。

5）环境管理体系：实施环境管理体系（如 ISO 14001），持续监测和改进环境绩效。

### 7. 项目总结

在项目顺利投产并推向市场、经过一定时期的市场检验后，对汽车产品的项目开发进行经验总结，能为企业未来新产品的开发提供宝贵的经验。

一般汽车项目的总结主要围绕如下几方面开展。

1）市场效果的评价：分析产品企划定义与实际的符合性，提出产品的改进方向以及产品企划思路和方法的改进建议。

2）投资及收益的评价：分析项目的投资与收益与实际的符合性，提出项目投资及收益管理的改进建议。

3）产品开发的评价：分析项目性能、质量、日程、成本、供应链等与实际生产的符合性，提出项目管控方法、工具及开发流程的改进建议，形成经验库，在企业内部和外部进行经验的分享。

## 习　题

一、选择题

1. 在项目启动阶段，项目发起人得知一项新的政府规定可能要求更改项目的现有采购计划。项目发起人要求项目经理提供能够说服高级管理层继续该项目的相关信息。项目经理可以从（　　）找到这个信息。

A. 商业论证　　　　　　B. 项目章程　　　　　　C. 项目批准要求　　　　D. 组织过程资产

2. 在正式批准项目之前，某关键项目相关方对待交付产品的边界表示担忧。若要避免这个问题，项目经理应该事先查阅（　　）文件。

A. 商业论证　　　　　　B. 项目章程　　　　　　C. 项目管理计划　　　　D. 项目基准

3. 公司开展一个车型开发项目，在与相关方讨论之后，销售团队决定用同一平台开发两款车型，以获得更大利润。这是使用（　　）来做出这个决定的。

A. 专家判断　　　　　　B. 成本效益分析　　　　C. 访谈　　　　　　　　D. 头脑风暴

4.（多选）概念设计的工作有（　　）。

A. 总体设计　　　　　　B. 造型设计　　　　　　C. 制作油泥模型

5. 生产准备阶段的主要目标是（　　）。

A. 最终确定汽车设计　　　　　　　　　　　　B. 确保生产流程的高效和成本效益

C. 开展市场营销活动　　　　　　　　　　　　D. 完成汽车的最终测试

6. 工艺规划在生产准备阶段的作用是（　　）。

A. 确定汽车的销售价格　　　　　　　　　　　B. 设计和优化生产流程

C. 选择供应商和采购原材料　　　　　　　　　D. 确定市场推广策略

7. 设计验证阶段的主要目的是（　　）。

A. 评估设计的市场潜力　　　　　　　　　B. 确认设计满足所有技术和性能要求

C. 优化生产流程　　　　　　　　　　　　D. 降低生产成本

8. 在设计验证阶段，以下（　　　）因素最不重要。

A. 车辆安全性　　　　　B. 生产成本　　　　　C. 消费者偏好　　　　　D. 车辆的环保特性

9. 批量化生产阶段进行工艺规划和优化的目的是（　　　）。

A. 提高产品的市场竞争力　　　　　　　　B. 增加产品的设计多样性

C. 提高生产效率和降低成本　　　　　　　D. 扩大生产规模

10. （　　　）是批量化生产阶段中的重要考虑因素。

A. 客户反馈的收集　　　　　　　　　　　B. 市场营销策略的制定

C. 生产设备的选择和布局　　　　　　　　D. 新产品概念的开发

二、思考题

1. 选择项目启动的时机一般会参考什么因素？

2. 项目预研阶段的工作重点有哪些？请举例说明（至少3项）。

3. 详细设计工作主要包含哪些？

4. 设计验证阶段中，为什么需要使用计算机辅助工程（CAE）技术进行模拟测试？请简述其对产品开发周期和成本的影响。

5. 如果在设计验证阶段发现车辆设计的某个关键部分无法满足预期的性能标准，你将如何解决这个问题？

6. 如果在批量化生产过程中，某个关键部件的质量存在问题，你会采取哪些措施？请考虑短期和长期的解决策略。

7. 在批量化生产阶段，如何平衡成本控制和产品质量？请讨论可能的挑战和策略。

8. 为让产品持续创造利润价值，企业一般用什么方式维持产品生命？

☞ **本章导学**

本章将主要围绕汽车开发项目管理体系进行阐述，介绍项目管理的定义及作用、汽车开发项目的目标及目标管理、汽车开发项目管理的组织结构与项目团队、汽车开发项目的分级决策机制、汽车开发项目管理的工具及方法。

☞ **学习目标**

1. 了解项目及项目管理定义。
2. 了解汽车开发管理的项目目标与组织结构。
3. 了解汽车开发分级决策机制。
4. 了解汽车开发干系人管理、风险管理。
5. 了解汽车开发沟通管理。

## 3.1 汽车开发项目及项目管理

汽车产品开发是一项相当复杂的系统工程，需要各部门组织（包括外部组织）协同工作。项目管理能够在项目相应的环境下，通过各组织项目干系人的合作，系统管理各部门项目活动，以实现项目目标。

一个系统的汽车开发项目管理体系能够提升产品质量、降低产品研发成本、缩短开发周期，提高产品市场竞争力。

———— 案例

2017年，某企业宣布了一款车型的生产计划，目标是在2018年实现每周生产5000辆的目标。然而，由于供应链问题、生产线故障和质量控制挑战等原因，该车型一直未能实现这一目标。

案例启示：汽车项目管理需要关注整个供应链的安全性和合规性。如果项目团队没有充分考虑到这些因素，可能会导致严重的后果。

### 3.1.1 项目管理的定义

#### 1. 项目定义

项目是为创造独特的产品、服务或成果而进行的临时性工作。连续不断、周而复始的活动为"运营（Operation）"，如企业的日常生产活动；临时性、一次性的活动为"项目（Projects）"，如企业的研发活动。

### 2. 管理定义

什么是管理？近百年来许多学者试图对管理进行定义。下面为几种有代表性的观点。

1）1916年，法国实业家法约尔（Henri Fayol）提出，管理是由计划、组织、指挥、协调及控制等职能为要素组成的活动过程。

2）1942年，美国学者福莱特提出，管理就是通过其他人来完成工作。管理必然涉及其他人；管理的核心问题是管理者要处理好与其他人的关系，调动人的积极性。

3）1978年，诺贝尔经济学奖获得者赫伯特·西蒙（Herburt Simon）提出，管理就是决策。决策是一切管理工作解决问题必经历的流程。

4）美国管理学大师彼得·德鲁克（PeterF.Drucker）于1954年和1989年提出，管理是一种实践，其本质不在于"知"而在于"行"；其验证不在于逻辑，而在于成果，管理学科把管理当作一门真正的综合艺术。

综合百年来学者关于管理的研究，并吸收管理学理论和实践的最新发展，管理定义表述为：管理是管理者为了有效实施组织目标、个人发展和社会责任，运用管理职能进行协调的过程。管理的本质是协调，协调是运用计划、组织、协调、控制等各种管理职能的过程。

### 3. 管理属性

（1）管理的自然属性与社会属性

生产过程既包括物质资料的再生产也包括生产关系的再生产。因此，对生产过程的管理存在两方面的性质，一方面是与生产力相联系的自然属性，这一属性并不以人的意志为转移，是一种客观存在，称为管理的自然属性；另一方面是与生产关系相联系的社会属性，实质上是"为谁管理"的问题。

（2）管理的科学性与艺术性

一方面，管理是由一系列的概念、原理、原则和方法构成的知识体系，具有一定的科学性；另一方面，管理是一种实践，管理者需要根据具体情况灵活运用这些知识，并经实践验证，这体现了管理的艺术性。

## 3.1.2 汽车开发项目管理定义

汽车开发项目管理是指在汽车设计、研发、制造和集成等项目活动流程中，运用计划、组织、协调、控制等管理职能进行推进，有效实现项目目标的过程。其中，项目目标包括整车开发流程、项目管理的一致性和标准化、项目范围、质量、成本和时间等。

汽车开发项目管理的核心为"以客户需求作为中心，目标导向、团队合作、计划为本、过程控制"。考虑到汽车开发项目的生命周期特殊性及项目的整体性，需要从项目询价、报价、项目批准、小批量验证、产能验证、生产许可，到批量生产等一系列项目活动流程进行开展。同时，汽车零部件企业的项目开发管理也很重要。

### 1. 计划定义及拓展

管理学中的计划是指"为了实现决策所确定的目标，预先进行的行动安排"。计划通过将组织在一定时期内的活动任务分解给组织的每个部门、环节和个人，不仅为这些部门、环节和个人在该时期的工作提供了具体的依据，而且为决策目标的实现提供保证。

汽车开发项目管理计划的关键是各子项目范围管理计划、时间管理计划、成本管理计划、资源管理计划及质量管理计划。所有子项目计划内容均应推行"5W2H"<sup>⊖</sup>。

### 2. 组织定义及拓展

管理学中的组织是指"对管理人员的管理活动的管理"。具体来讲，即根据计划工作的要求，设计岗位，通过授权和分工，合理安排资源，使整个组织协调运转的管理职能。

汽车开发项目管理过程组织整合度要求高，可采取"组合编织"，即通过项目轻重缓急组合归类进行关键项目推进。

汽车开发项目管理组织的关键是构建项目体制团队，梳理关键路径，组织资源，按计划推进。

### 3. 协调定义及拓展

即使做好了计划与组织工作，也不一定能保证组织目标的实现，很多课题并不是主责部门单方面就能完成的，需要项目团队中各方协助方能完成。有效协助主责部门，才能更好地调动资源，帮助项目团队完成更多课题推进。协调不是一味地调用人，而是还需在适当的时候给予必要的帮助，根据问题点，协调相关方解决。

### 4. 控制定义及拓展

在执行计划过程中，由于受到各种因素干扰，常常使实践活动偏离原来的计划。为了保证目标的实现，需要控制职能。控制的实质就是使实施活动符合计划。

汽车开发项目管理常常多车型多项目阶段重叠，其控制关键为"控制制衡"，即控制各子项实时进度与关键节点以及资源合理调用与协调以控制风险。

汽车产品开发项目有 7 大属性：

1）一次性：汽车产品开发项目有明确的启动时间和投产时间，即需要在限定的时间内完成产品开发任务。汽车产品开发有别于汽车批量生产，因为汽车批量生产需要周期性进行，属于运作管理的范畴。

2）独特性：汽车产品开发项目具有其独特性，独特性不仅体现在技术（结构、材料、工艺、造型等）方面，也体现在开发所面临的外部环境、团队构成、目标市场以及当前的竞争态势等方面。独特性往往代表了项目的风险（威胁或机遇），为汽车项目管理重点。

3）渐进明晰性：汽车产品开发项目的渐进明晰性指项目随着推进而逐渐清晰、逐步补充、修改和完善。

4）目标的明确性：项目有确定的目标，包括时间目标、成果目标以及其他需要满足的目标，汽车产品开发项目管理需将项目目标（范围、进度、成本和质量）进一步细化，包括动力性、经济性、NVH 性能、造型等多个子目标。

5）项目的整体性：任何一项活动都是相互联系的，构成一个整体，需要资源整合。汽车产品 50% 以上的零部件由供应商开发，因而汽车产品开发项目整体性更高，项目管理人员需严格整合内外部全部资源。整合能力是项目管理人员的核心技能之一。

6）驱动变革性：汽车产品有其固有的生命周期，一般包括导入期、上升期、成熟期和衰退期。成功的汽车产品开发项目能够驱动变革，促进产品更新换代、淘汰衰退产品。

7）商业价值性：开发新车的根本目的是创造商业价值，商业价值不仅体现在利润上，也体现在品牌提升、市场份额、政策满足度、产业链话语权等多方面。

---

⊖ "5W2H"又称为七问分析法，具体指 What+Why+When+Where+Who+How+How Much。

### 3.1.3　汽车开发五大过程组

—— 案例 ——

小王是软件开发公司的项目经理，初次接手一个软件开发项目后，他召集了几个志同道合的职员，向他们大致地介绍了项目的概况，然后启动了项目。一个月过去了，到了预定完工的时间，但大家都还没有完成各自的工作，每个人的设计思路存在很大的不同，到项目后期已经很难整合。项目最终在超期、超成本的情况下完成，顾客对软件产品的质量极为不满。

当小王再次拿到一个信息系统开发软件项目时，他吸取了上次失败的教训，在开发项目前，他根据客户的要求制订了计划，物色了有能力开发此项目的专业技术人员。开始实施项目后，小王认为经过这次充分的准备，马上就可以收到胜利的果实。

为了确保万无一失，项目过程中，他召开了两次工作会议，重点是统一大家的设计思路，会议结束前他总是不忘问一句："工作是否按照计划进行？"大家都说他们的工作正在按计划执行。但是最终问题还是出现了，所有人员都完成了自己的工作，但负责数据检索形式设计的人员却没有完成任务。小王觉得那个设计人员欺骗了他，而设计人员则告诉他，他所说的"按照计划执行"是指他自己的计划，因为他根本就不知道项目经理的计划是什么。经过加班加点，他们最终将产品交给了客户。然而，客户很快就向公司投诉了产品质量和服务质量。请问：

1. 项目为什么会失败？
2. 请分析软件开发项目的生命周期模型。

项目管理过程组（project management process group）在 PMBOK 中被总结为如下五个过程，这五个过程在任何种类的项目中都有通用性，它们有明确的依赖关系，并独立于应用领域。

1）启动过程组：定义一个新项目或现有项目的一个新阶段，授权开始该项目或阶段的一组过程。

2）计划过程组：明确项目范围、优化目标，为实现目标制定行动方案的一组过程。

3）执行过程组：完成项目管理计划中确定的工作，以满足项目要求的一组过程。

4）监控过程组：跟踪、审查和调整项目进展与绩效，识别必要的计划变更并启动相应变更的一组过程。

5）收尾过程组：正式完成或结束项目、阶段或合同执行的一组过程。

项目流程以逻辑划分为以上五个项目过程，所有项目过程贯穿于项目的整个生命周期，在项目管理中，每个过程阶段以完成一个或多个可交付成果为标志，如启动过程组。

需要注意的是，项目管理过程通过具体的输入和输出相互联系，即一个过程的成果或结果可能成为一个过程（不一定在同一过程组）的输入，所有项目过程贯穿于项目的整个生命周期。在项目管理的过程中，每个过程阶段以完成一个或多个可交付成果为标志，即设置阶段性目标，以交付物为节点，设置项目节点，为双方规避风险。

## 3.2　汽车开发项目目标管理

汽车产业的建设目标主要是以最低的成本提供质量最好的产品，为客户提供舒适、安全、便捷的出行服务，从而推动汽车行业的可持续发展。

为了实现这一目标，汽车产业从设计到制造，从服务到维修，从技术研发到市场营销，都采取了一系列有效的措施。首先，积极采用先进的技术，提高汽车的安全性、经济性和可靠性；其次，不断改进生产工艺，提高生产效率，降低生产成本；最后，大力发展服务网络，提高服务质量以满足客户的需求。

—— 案例 ——

某汽车公司在 B 项目立项初期设定收益率指标为 5%，整体收益为 30 亿元。但在设计开发中未能将收益性指标清晰地转化为销量目标、零件采购成本目标、内作成本目标、投资研试费目标和广告宣传费用等细化管控指标，过程中项目团队缺乏对于目标的有效管控，最终在项目投产后发现项目销量目标未达成、成本超标 10%，收益率直接从 +5% 变为 −10%，导致公司承担较大经济损失。

B 项目的失败案例给我们提供了一个重要的教训：明确目标、建立有效的绩效评估体系、加强沟通协作以及快速反应是成功管理汽车项目的关键要素。

### 3.2.1　目标及目标管理

目标是指在某个特定时间内，通过特定的手段达到预期的结果。

目标管理是由企业最高层领导制定一定时期内整个企业期望达到的总目标，由各部门和全体职工根据总目标的要求，制定各自的分目标，并积极主动地设法实现这些目标的管理方法。目标管理概念最早于 1954 年由管理学大师彼得·德鲁克在他的著作《管理实践》（*The Practice of Management*）一书中提出。

汽车开发中的目标管理主要涵盖以下几个部分。

1）项目整合管理：确保整车开发过程中各个部门的工作协调一致，以实现项目目标，包括制定整车开发计划、设置评审阀点等。

2）项目范围管理：确定整车开发项目的范围和目标，以及与之相关的资源和时间安排，包括产品变更管理，即在整车开发过程中对产品的设计或制造进行必要的修改。

3）项目时间管理：制定和控制整车开发的时间进度，确保项目能够按时完成。

4）项目成本管理：对整车开发过程中的成本进行预测和控制，确保项目在预算内完成。

5）项目质量管理：确保整车开发的产品符合质量标准和要求。

6）人力资源管理：合理分配和使用项目所需的人力资源，包括员工招聘、培训和绩效评估等。

7）项目沟通管理：确保整车开发过程中的信息能够及时正确地传递，以便各部门能够顺利地协同工作。

8）项目风险管理：识别和评估可能影响整车开发的风险，并采取相应的措施来降低风险的影响。

9）项目采购管理：管理和控制整车开发过程中的采购活动，包括供应商选择、合同管理和物料采购等。

10）项目干系人管理：识别和管理整车开发过程中的所有干系人，包括内部员工、外部供应商、客户和政府部门等。

## 3.2.2 目标管理原则

目标管理一般采用 SMART 原则，用于指导科学、合理地制定目标计划。具体来说：

1）S 代表 Specific（具体的），意味着目标需要清晰明确，能够回答"是什么"的问题，让行动计划变得明了。

2）M 代表 Measurable（可衡量的），意味着目标需要能够被量化或者观察到，这样我们可以客观地判断目标是否已经实现。

3）A 代表 Attainable（可实现的），意味着目标需要在我们的能力范围内，让我们有信心并付诸行动去实现它。

4）R 代表 Relevant（相关的），意味着目标需要与我们的其他目标或长期规划保持一致，不是孤立存在的。

5）T 代表 Time-bound（有时限的），意味着目标需要有一个明确的截止日期，促使我们按时完成任务。

此外，在目标管理的过程中还需要注意，目标要以结果导向，而非过程导向。

## 3.2.3 汽车开发项目目标内容

汽车开发项目目标通常包含以下 7 大部分。

1）销量目标：由汽车制造商设定的，预期在一定时间内（通常为一个生命周期内）销售的汽车数量。

2）性能指标：旨在确保汽车在各种条件下的安全性、效率和舒适性。通常包含动力性能、燃油经济性能、制动性能、操稳平顺性能、环境温度性能、乘坐舒适性能、排放性能、电子系统性能、NVH 性能等。伴随汽车新能源、智能网联的发展和用户需求的逐步提升，整车中更多的性能需求被提出，如续驶里程、百公里电耗、自动驾驶性能等。

3）质量目标：在新车开发或产品改进过程中，对整车开发的质量目标进行规划和定义。质量目标通常基于组织的质量方针制定，并针对组织的相应职能和层次分别规定。

4）日程计划：汽车开发是一个复杂的工作，日程计划指为了实现最终车型投产上市的目标而进行过程任务分解和时间节奏的设定，约定各项工作的前后逻辑及输入输出节点。

5）投资研试费用目标：指从项目企划到项目投产全过程中支出的全成本，一般包含开发过程的调研费用、样车样件费、试验费、人员工资差旅和生产准备阶段的工装投入等。

6）成本目标：指整车开发过程中设定的一台份零件成本构成指标和制造过程中的加工费用指标，一般包含外购原材料成本目标、内作制造成本目标等。在确定了整车的目标成本后，团队将其分解到各个子系统，然后在子系统目标成本的限制下进行开发设计和管控。

7）收益目标：即新车型或产品改进过程中的预期收益，也是公司通过投入新产品产生的利润。

新车型目标要件如图 3-1 所示。

| | | 文件编号：*** |
|---|---|---|
| **新车型目标要件V*版** | | 版本号：B/4 |
| | | ▲商密AAA 永久 |

| 类别 | 项目 | 要件事项 | |
|---|---|---|---|
| 商品<br>要件 | 产品定位 | | |
| | 销售目标 | | 单位：万台 |
| | 性能指标 | | |
| | 质量策划 | | |
| 日程 | 大日程节点 | | |
| 成本<br>要件 | 新车型投入 | | 单位：万元 |
| | 成本目标 | | |
| | 整车经济性 | | |

图 3-1　新车型目标要件

### 3.2.4　汽车开发项目的目标设定和管理

汽车开发项目的目标设定和管理是一个复杂且需要精确控制的过程。其主要工作是在项目初期通过市场调研收集用户的需求，在项目企划阶段逐步设定各方面的项目目标。在开发初期，项目团队将目标转化为对于产品的定义，并逐步在开发中进行实现，如图 3-2 所示。

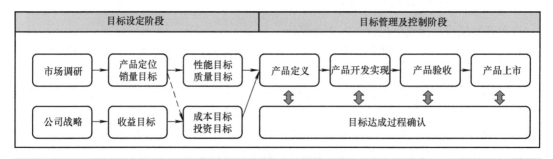

图 3-2　目标设定与管控

1）收益/销量目标：项目开发初期，项目团队通常会与公司的收益和财务部门一起针对项目设定具体的收益目标。企划部门会通过市场调研及公司战略设定车型的销量目标和产品定位。

2）成本/投资目标：结合售价、收益目标设定自上向下的成本目标，包括原材料采购成本和投资研试费目标。

3）性能/质量目标：基于车型的定位及目标群体，技术部门和质量部门会制定产品的性能和质量目标。

4）日程节点：项目管理基于公司规划中的投产节点要求，制定各领域可执行的项目执行日程计划。

5）目标的管理和控制：对项目范围、质量、成本和时间目标进行明确并持续监控和控制。

在这一过程中，优化组织资源的使用以提高项目的可预测性和成功概率是非常重要的。此外，有效沟通和协调相关方的期望和需求也是项目管理的重要职责。这不仅包括内部团队（如研发、采购、财务等）之间的协调，也包括与外部利益相关者（如供应商、合作伙伴、客户等）的沟通和协调。

应用科学的管理信息系统工具可以帮助管理者更好地掌控整车开发过程中的任务进度和成本控制，从而提高管理效率。

## 3.3 汽车开发管理组织结构

组织架构是企业管理活动实现的基础承载体，是为了实现企业战略目标而进行的分工与协作的安排。组织结构的特点包括：①组织架构的设置受到内外部环境、发展战略、生命周期、技术特征、组织规模、人员素质等因素的影响；②在不同的背景、不同的环境、不同的发展阶段、不同的使命下，组织架构模式也有所不同。汽车开发管理组织结构，是为了实现汽车开发管理而设定的组织结构。

图 3-3 所示为某汽车公司职能式组织架构，在该架构下，组织按照不同的职能划分成不同的部门或者岗位，每个部门或岗位负责特定的职能。

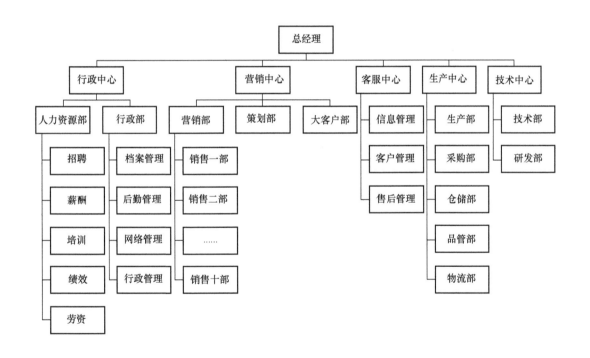

图 3-3 某汽车公司职能式组织架构

图 3-4 所示为某汽车公司矩阵式组织架构，在该架构下，按照职能划分的部门和按产品划分的小组结合起来，组成一个矩阵。员工既同原职能部门保持组织与业务上的联系，又参加项目小组的工作。

图 3-5 所示为某汽车公司扁平化组织架构，该架构破除了公司自上而下的垂直高耸的结构，减少管理层级，增加管理幅度，是为了裁减冗员而建立的一种紧凑的横向组织。

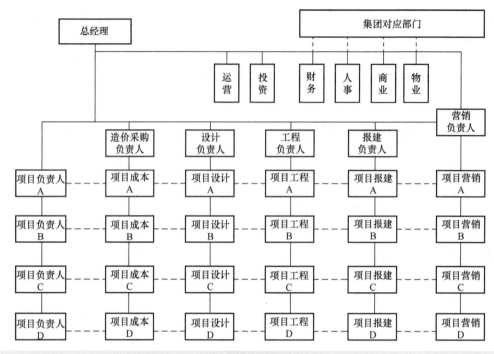

图 3-4　某汽车公司矩阵式组织架构

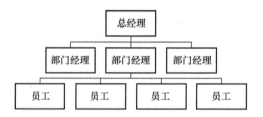

图 3-5　某汽车公司扁平化组织架构

### 3.3.1　项目组织架构

项目组织是为完成一个项目组成的一个临时的与组织目标适应的结构形式，组织结构是使组织实现其目标的基本条件，因而，科学的汽车开发管理组织架构是实现汽车开发管理活动的基础，旨在协调项目组织内部及外部组织资源及活动，确保实现汽车开发项目管理目标。

### 3.3.2　项目组织架构的类型

项目组织架构形式主要包括职能式、项目式和矩阵式（按照强弱又分为弱矩阵式、平衡矩阵式、强矩阵式）等形式，如图 3-6 所示。企业为了减少管理层次，出现了扁平化组织架构。

**1. 职能式组织结构**

该结构以职能为基础，在总负责人下设按专业

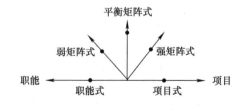

图 3-6　项目组织架构形式

分工的各职能部门，由其在其职权范围内直接指挥下级单位。项目是以部门为主体来承担的，一个项目由一个或者多个部门承担，一个部门也可能承担多个项目，如图3-7所示。传统汽车企业普遍采用职能式组织结构。

职能式组织架构主要适用于中小型的、产品品种比较单一、生产技术发展变化较慢、外部环境比较稳定的企业，其经营管理相对简单，部门较少、横向协调要求较低。

### 2. 项目式组织结构

该结构以项目为基础，为实现特定项目目标而组建团队，项目结束即解散。其主要特点是项目经理具有很大权力，可以直接对团队成员进行指导和管理，项目式组织结构如图3-8所示。大型汽车产品开发多采用项目式组织结构，其优点是项目经理投入度高、每个项目成员都是全职参与项目，组织效率非常高，缺点是对项目经理要求高。

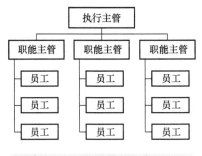

图3-7 职能式组织结构

### 3. 矩阵式组织结构

该结构是在常规的职能层级结构之上增加一种水平的项目管理结构。这种结构适用于规模较大且相对复杂的项目，特别是时间限制性强或快速变化的项目。

根据项目与职能经理的相对权力，矩阵式组织结构可细分为强矩阵式、平衡矩阵及弱矩阵式。强矩阵式倾向于项目式组织，项目经理权力较大；弱矩阵式倾向于职能式组织，项目经理权力较小，相当于项目协调人。矩阵式组织架构的缺点是管理成本增加、多头领导引发冲突等。

图3-8 项目式组织结构

汽车常规开发项目多采用矩阵式项目组织结构，这种组织结构成员不分职位和权力，各部门同一职责层次相互共同完成项目，这意味着可以利用各方面专门技术人员做出日常决策。

### 4. 扁平化组织架构

该架构是现代企业组织结构形式之一，它改变了原来层级组织结构中的企业上下级组织和领导者之间的纵向联系方式，同时强化了平级各单位之间的横向联系以及组织体与外部各方面的联系。这种结构的特点是管理幅度大、管理层次少、信息传递速度快、准确，由于管理层次较少，被管理者有较大的自主性、积极性和满足感。

扁平化组织架构缺点为：权力分散，主管人员管理幅度大、负荷重、精力分散，难以对下级进行深入具体地管理；对主管人员的素质要求高。

随着汽车企业信息化建设平台的开发，越来越多的汽车企业采用平衡矩阵式组织架构。

## 3.3.3 项目团队

不同于一般的群体或组织，项目团队是为实现项目目标而建立的，是一种按照团队模式开展项目工作的组织，是项目人力资源的聚集体。通常针对某一个车型的开发，会成立一个项目团队。

项目团队的特征为：①项目团队具有一定的目的；②项目团队的使命就是完成某项特定的任务，实现项目的既定目标，满足客户的需求，此外项目利益相关者的需求具有多样性的特征，因此项目团队的目标也具有多元性；③项目团队是临时组织，项目团队有明确的生命周期，随着项目的产生而产生，项目任务的完成而结束，即可解散；④项目经理是项目团队的领导；⑤项目团队强调合作精神；⑥项目团队成员的增减具有灵活性；⑦项目团队建设是项目成功的组织保障。

### 3.3.4 项目干系人

项目干系人是指能影响项目的任何个人、小组或组织，以及受项目影响的任何个人、小组或组织。汽车的用户也是干系人的一部分。图 3-9 描述了干系人与项目的关系。

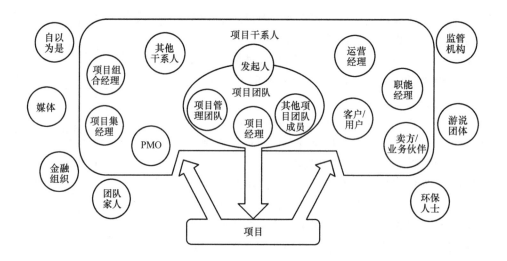

图 3-9　干系人与项目的关系

新车型项目干系人包括内部和外部两个部分。其中内部包括约 12 个领域（项目管理、销售、制造、工艺、质量、整车技术、成本、采购、新能源技术、动力总成、生管、认证）；外部包括研究院、供应商、认证 / 试验机构等。图 3-10 所示为新车型项目的组织机构及岗位职责。

### 3.3.5 项目干系人管理过程

项目干系人管理主要包括以下过程。

1）识别干系人：识别出项目有哪些干系人，形成干系人登记册，定期查看并更新登记册。

2）规划干系人参与：编制干系人参与计划，规定如何做好干系人管理。

3）管理干系人参与：根据干系人参与计划，管理干系人。

4）监督干系人参与：监控干系人参与过程，看是否有问题偏差，并进行及时纠偏。

应当把项目干系人满意度作为项目目标加以识别和管理。与所有干系人保持沟通，理解需求和期望、处理问题、管理利益冲突、促进参与决策和活动。

#### 1. 识别干系人

识别干系人是需要定期识别项目干系人，分析并记录他们的利益、参与度、相互依赖性、影响力以及对项目成功的潜在影响的过程。这个过程的重要作用是使项目团队能够建立对每个干系人或干系人团队的适当关注。此过程应根据需要在整个项目期间定期开展。

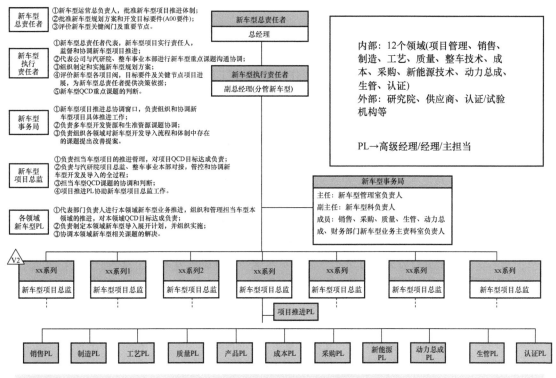

图 3-10　新车型项目的组织机构及岗位职责

识别干系人是利用不同方法对干系人进行分类，这有助于项目团队和已识别的项目干系人建立关系。常见的分类方法有以下 3 种。

1）权力 / 利益方格、权力 / 影响方格、影响 / 作用方格：基于干系人的职权级别（权力）、对项目成果的关心程度（利益）、对项目成果的影响能力（影响），或改变项目计划 / 执行的能力对干系人进行分类。其中干系人权利 – 利益方格如图 3-11 所示。

2）凸显模型：该模型是基于干系人的权力、紧急程度和合法性进行分类的一种方法，如图 3-12 所示。

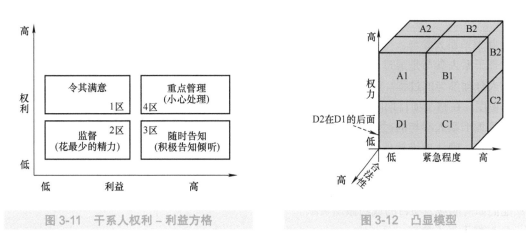

图 3-11　干系人权利 – 利益方格　　　　　图 3-12　凸显模型

3）优先级排序：如果项目有大量的干系人，且干系人频繁变化、关系复杂，可能有必要对干系人进行优先级排序。

### 2. 规划干系人参与

规划干系人参与是需要根据干系人的需求、期望、利益和对项目的潜在影响，制定项目干系人参与项目的方法的过程。此过程的主要作用是提供与干系人进行有效互动的可行计划。且此过程应根据需要在整个项目期间定期开展。

为满足项目干系人多样性需求，应尽早拟定计划，随干系人变化定期更新。明确干系人群体后，编制首版干系人参与计划，并且定期更新反映干系人变化。变更情况包括：项目新阶段开始、组织或行业内部变化、新个人或群体成为干系人、现有干系人不再是干系人、干系人对项目重要性变化、其他项目过程（如变更管理、风险管理或问题管理）输出导致需要重新核查干系人参与策略等。

规划干系人参与的工具与技术包括数据表现、思维导图和干系人参与度参与矩阵。干系人参与度评估矩阵用于将干系人当前参与水平与期望参与水平进行比较，其示例如图 3-13 所示，是对干系人参与水平进行分类的方式之一。干系人参与的程度可分为以下几类。

1）不知晓：对项目和潜在影响不知晓。

2）抵制：知晓项目及潜在影响，抵制变更。

3）中立：知晓项目，既不支持，也不反对。

4）支持：知晓项目和潜在影响，支持变更。

5）领导：知晓项目及潜在影响，积极致力于确保项目成功。

在图 3-13 中，C 代表每个干系人的当前参与水平，D 是项目团队评估出来的、为了保证项目成功所必不可少的参与水平（期望的）。应该按照每个干系人的当前与期望参与水平的差距，展开必要的沟通，有效引导干系人参与项目。弥合当前与期望参与水平的差距是监控干系人参与中的一项基本工作。

| 干系人 | 不知晓 | 抵制 | 中立 | 支持 | 领导 |
|---|---|---|---|---|---|
| 干系人 1 | C | | | D | |
| 干系人 2 | | | C | D | |
| 干系人 3 | | | | D C | |

图 3-13　干系人参与度评估矩阵示例

### 3. 管理干系人参与

管理干系人参与是通过与干系人进行沟通和合作，以满足其需求和期望、处理问题，并促进干系人合理参与的过程。这个过程的主要目标是尽可能提高干系人的支持度，并降低干系人的抵制程度。在整个项目期间都需要开展这个过程。

在管理干系人参与的过程中，我们需采取多项行动，包括在适当的项目阶段引导干系人参与，以获取、确认或维持他们对项目成功的持续承诺；通过谈判和沟通来管理干系人的期望；处理与干系人管理有关的任何风险或潜在关注点，预测干系人可能在未来引发的问题；澄清并解决已识别的问题等。管理干系人参与有助于干系人明确了解项目的目的、目标、收益和风险，以及他们如何能够为项目的成功做出贡献。

### 4. 监督干系人参与

监督干系人参与是指对项目干系人之间的关系进行监督，通过修订参与策略和计划来指导干系人合理地参与项目的过程。该过程的主要作用是随着项目进展和环境变化，维持或提升干系人参与活动的效率和效果。此过程需要在整个项目期间开展。

### 3.3.6 实战经验与注意事项

某汽车项目面临着一周内必须完成试验车改制的核心任务，但试制车间正忙于其他项目，人员和设备无法抽身。若一周内无法完成试验车的改制，将直接影响到本项目的量产计划，形势严峻。

项目经理与试制车间经理紧急沟通，恳请其调配资源以支持公告车改制任务。然而，车间经理表示当前项目也是公司重点，需要项目经理之间协商解决，或者由更高一级领导进行决策。掌握这一信息后，项目经理决定亲自与对方项目经理沟通。

经过深入了解对方项目的紧急程度，双方项目经理进行了建设性协商。最终，对方项目经理表现出了良好的团队合作精神，同意将部分人力和举升机调配给本项目以完成试验车改制，从而解决了本项目的紧迫问题。这一决策不仅体现了团队合作精神，也确保了两个项目都能顺利进行。

这个案例体现了以下关键点：在面对紧迫任务时，项目经理需保持冷静、果断，并重视与干系人的沟通、协商与团队合作。他们需敏锐捕捉并利用资源，确保项目的顺利进行。同时，对方的支持与协助也在此次事件中发挥了重要作用，为项目的成功奠定了基础。

在这个案例中，试制车间是关键的干系人之一，而项目经理则是负责与试制车间进行沟通和协商的人。这个案例展示了在项目管理中如何有效地识别、分析与维护干系人的利益，以及如何通过沟通和协商来解决紧迫问题。

## 3.4 项目资源管理

—— 案例 ——

李明是某区域电商公司的项目经理，接到总部任命后，负责推动公司内部电商平台升级项目的管理工作。为了更科学地选拔项目成员，李明设计了详细的人员选拔计划，从公司内部挑选合适的成员。选拔标准包括学历、专业证书、工作经验和技术方向。按照李明的要求，一些经验丰富的技术骨干由于学历原因没有被安排在核心职位上。项目组组建后，李明为了量化团队成员的工作表现，建立了一套绩效考核体系，并按照百分制原则按月发放绩效奖金。例如，员工的月度绩效得分为90分，则可获得该职位90%的绩效奖金。

随着项目的推进，一些问题开始浮现，公司经验丰富的老员工张伟曾是原有电商平台团队的技术骨干，但由于他的学历仅为大专，进入项目组后未被分配到核心岗位。在平台架构设计阶段，张伟对李明采用的系统架构提出异议，但李明坚持自己的方案，张伟的意见被拒绝。在项目的设计和编码阶段，由于张伟技术娴熟、编程能力强，他连续三个月在绩效考核中获得了200分，并保持了整个项目团队的绩效第一。按照李明制定的绩效奖金制度，张伟应该获得岗位200%的绩效奖金。然而，在发放项目绩效奖金时，李明担心一次性发放可能导致项目后期的人员流失，于是对所有团队成员扣减了30%的绩效奖金，承诺在项目验收完成后一次性发放扣减的绩效奖金。张伟在连续三个月只领到70%的绩效奖金后，对公司的做法感到不满，最终选择辞职。随后，其他绩效得分超过100分的员工也纷纷离职，最终导致项目的失败，李明也被调往公司其他部门任职。

**请问：**

李明在项目中人力资源管理方面存在哪些问题？在本案例中，如果你是李明，应在项目中如何改进人力资源方面的管理？请叙述人员流失对项目的影响，并给出防止人员流失的方法。

项目资源管理包括识别、获取和管理所需资源以成功完成项目的各个过程，这些过程有助于确保项目经理和项目团队在正确的时间和地点使用正确的资源，以顺利完成项目。

实物资源包括设备、材料、设施和基础设施，人力资源指的是团队资源或人员。项目团队成员可能具备不同的技能，可能是全职或兼职的，也可能随项目进展而增加或减少。项目资源管理与项目相关方管理之间有重叠的部分，本节重点关注组成项目团队的部分相关方。项目团队由承担特定角色和职责的个人组成，他们为实现项目目标而共同努力。项目经理应在获取、管理、激励和增强项目团队方面尽到应有责任。

### 3.4.1　规划资源管理

规划资源管理是定义如何估算、获取、管理和利用团队以及实物资源的过程。该过程的主要作用是根据项目类型和复杂程度确定适用于项目资源的管理方法和管理程度，保证有足够的可用资源支持成功完成项目。

### 3.4.2　估算和获取活动资源

估算活动资源是指对执行项目所需的团队资源、材料、设备和用品进行估算的过程。这个过程的主要目的是明确完成项目所需的资源种类、数量和特性。这一估算过程应根据项目的需要在整个项目期间内定期进行，以确保项目在各个阶段都能够充分考虑并获取所需的资源。

获取资源是指获取项目所需的团队成员、设施、设备、材料、用品和其他资源的过程。这一过程的核心作用在于概述和指导资源的选择，并将其分配给相应的活动。为确保项目在整个生命周期中能够顺利执行，这一过程应根据项目的需要在整个项目期间定期进行。

项目所需资源可能来自项目执行组织的内部或外部。内部资源由职能经理或资源经理负责获取（分配），外部资源则是通过采购过程获得。

### 3.4.3　建设团队

建设团队是提高工作能力、促进团队成员互动、改善团队整体氛围以提高项目绩效的过程。

建设项目团队的作用包括：①改进团队协作；②增强人际关系技能；③激励员工；④减少摩擦；⑤提升整体项目绩效。

项目经理应该能够定义、建立、维护、激励、领导和鼓舞项目团队，使团队高效运行，并实现项目目标。

（1）建设团队的目标

建设项目团队的目标包括（但不限于）：

1）提高团队成员的知识和技能，以提高他们完成项目可交付成果的能力，并降低成本、缩短工期、提高质量。

2）提高团队成员之间的信任和认同感，以提高士气、减少冲突，增进团队协作。

3）创建富有生气、凝聚力和协作性的团队文化，从而提高个人和团队生产效率，振奋团队精神，促进团队合作；促进团队成员之间的交叉培训和辅导，以分享知识和经验。

4）提高团队成员参与决策的能力，使他们承担起对解决方案的责任，从而提高团队的生产效率，获得更有效和高效的成果。

（2）建设团队的五个阶段

有一种关于团队发展的模型叫塔克曼阶梯理论，其中包括团队建设通常要经过的五个阶段，即：

1）形成阶段。在本阶段，团队成员相互认识，并了解项目情况及他们在项目中的正式角色与职责。

2）震荡阶段。在本阶段，团队开始从事项目工作、制定技术决策和讨论项目管理方法。

3）规范阶段。在规范阶段，团队成员开始协同工作，并调整各自的工作习惯和行为来支持团队，团队成员会学习相互信任。

4）成熟阶段。进入这一阶段后，团队就像一个组织有序的单位那样工作，团队成员之间相互依靠，平稳高效地解决问题。

5）解散阶段。在解散阶段，团队完成所有工作，团队成员离开项目。

### 3.4.4　管理团队

管理团队是跟踪团队成员工作表现、提供反馈、解决问题并管理团队变更以优化项目绩效的过程。本过程的主要作用是影响团队行为、管理冲突以及解决问题，评估团队成员的绩效。

进行团队管理需要综合运用各种技能，特别是沟通、冲突管理、谈判和领导技能。项目经理应该向团队成员分配富有挑战性的任务，并对达到优秀绩效的成员进行表彰。

### 3.4.5　控制资源

控制资源是确保按计划为项目分配实物资源，以及根据资源使用计划监督资源实际使用情况并采取必要纠正措施的过程。本过程的主要作用是确保所分配的资源适时适地用于项目，且在不需要时释放资源。

应在所有项目阶段和整个项目生命周期期间持续开展控制资源过程，且适时、适地和适量地分配和释放资源，使项目能够持续进行。控制资源过程应关注：①监督资源支出；②及时识别和处理资源缺乏/剩余情况；③确保根据计划和项目需求使用和释放资源；④在出现资源相关问题时通知相应的相关方；⑤可以导致资源使用变更的因素；⑥在变更实际发生时对其进行管理。

汽车开发系统工程

## 3.5 项目角色及职能

案例

一家知名汽车制造公司启动了一个新的电动汽车开发项目。项目负责人李明领导着一个多元化的团队，包括工程师、设计师、市场营销专家和供应链管理人员。

李明作为项目负责人，负责整个项目的规划和执行。他与各个部门密切合作，确保项目按计划顺利进行。他首先与产品经理小李一起开会，讨论客户需求和市场趋势，确定新车型的关键特性和功能。

设计师团队由张一负责，负责为新电动汽车设计外观和内饰。李明与设计师们紧密合作，确保设计符合工程要求和安全标准。他们通过 CAD 软件和 3D 打印技术创建原型，并在团队内部和客户群体中进行反馈测试。

技术团队领导大卫负责制定汽车的技术架构和系统集成。他与供应链管理人员王明合作，确保零部件的采购和生产按时交付。大卫还负责解决技术挑战，如电池性能优化和充电系统的设计。

在整个项目过程中，测试经理莉莉负责制定测试计划和执行测试用例，确保新车型的质量符合标准。她与工程师们一起进行各种测试，包括性能测试、安全测试和耐久性测试，以确保新车型在上市前达到最高质量标准。

最终，经过团队的不懈努力和密切合作，新电动汽车成功上市，受到了市场和客户的好评。每个项目角色在这个过程中发挥了关键作用，共同推动项目向成功迈进。这个项目不仅带来了一款出色的新产品，也加强了团队之间的合作和沟通，为未来的汽车开发项目奠定了坚实的基础。

### 3.5.1 项目角色定义

项目角色是指承担特定角色和职责的个人，他们为实现项目目标而共同努力。

### 3.5.2 项目角色范围和职责

一个新车型项目的开发及投产包含众多项目角色，主要涵盖项目负责人、项目推进经理、产品经理、采购经理、财务经理、认证经理、工艺经理、质量经理、制造经理、生管物流经理等。

每个项目角色在项目的开发推进过程中需承担不同的职责，主要如下：

1）项目负责人，是项目的第一负责人，总体负责全领域企划目标达成，管控和协调新车型开发及导入的全过程，负责车型质量、成本、日程等课题的协调和判断等。

2）项目推进经理，协助项目负责人达成企划目标，统筹可行性研究报告合稿，制定并管控项目一、二级计划，负责开发内容的变更管理等。

3）产品经理，负责车型零部件技术方案策划、制定并管控整车性能目标、制定整车零件清单、评审及发布专用零件清单数据等。

56

4）采购经理，负责车型整车成本分解及成本策划、外购件的供应商定点管理、统筹外购件成本管理、专用零件的开模指令发布及供应商的产能建设等。

5）财务经理，负责测算并管控项目经济性，提前识别并通报风险等。

6）认证经理，负责收集并管控新车型法规清单，推进获得新车型公告及零件 3C 证书等。

7）工艺经理，统筹负责新工艺导入及工装 / 设备 / 工位器具改造调试，推进达成白车身目标性能等。

8）质量经理，统筹负责品质检查设备导入、新车型品质检查、管理品质课题清单等。

9）制造经理，负责提升冲压、焊接、涂装、总装人员作业熟练度，管控试制及量产生产过程等。

10）生管物流经理，负责制定车型零部件物流规划及包装方案，制定试制及量产的生产管理计划等。

## 3.6　汽车开发分级决策机制

项目中的决策通常不是一个人的决策，而是群体决策，所以决策的过程也是一种沟通。本节介绍汽车行业普遍采用的决策方法——过阀评审。项目中最重要的决策通过过阀评审实现，但仍有许多其他需决策事项。新车开发涉及多维度和多种类课题，需决策后落地实施，多以会议形式进行决策。

—— 案例 ——

某公司决定推出一款新产品，该产品的市场前景非常广阔，但需要投入大量的资金进行研发和生产。为了确保决策的正确性和有效性，公司采取了分级决策的方式。

首先，公司的高层管理人员对新产品的市场前景进行了评估，并确定了产品的基本要求和目标市场。然后，他们将决策权下放给产品开发团队，由该团队负责具体的产品设计、研发和测试工作。

在产品开发过程中，开发团队遇到了一些技术难题和市场需求的变化。为了解决这些问题，他们向公司的中层管理人员汇报了情况，并请求支持和指导。中层管理人员根据实际情况，对问题进行了分析和评估，并提出了相应的解决方案。

最后，当产品开发完成后，公司的高层管理人员再次介入，对产品进行最终的审批和决策。他们考虑了产品的市场潜力、成本效益等因素，最终决定是否投入大量资金进行生产和销售。

通过分级决策的方式，该公司成功地推出了一款具有竞争力的新产品，并取得了良好的市场反响。同时，由于各级管理人员都参与了决策过程，使得决策过程更加科学和合理。

### 3.6.1　分级决策

组织需要的决策广泛而复杂，是高层领导难以全部应付的，因此在组织决策中必须按其职责和能力进行分级。例如董事会决策项目立项，总经理办公会决策项目 SOP 等。为进一步提升新车型决策效率，结合新车型重要评价会议设定及开发类型对决策层级进行设定，建立新车型分级决策机制。

其中，专业类和主要进程评审会议放入项目决策。评价会决策层级设定见表 3-1；指标类的由行政领导决策，其层级设定见表 3-2。

表 3-1　新车型重要评价会决策层级设定

| 序号 | 类型 | 里程碑 / 评价项目 | 开发类型 | | |
| --- | --- | --- | --- | --- | --- |
| | | | 全新 / 换代 | 中改 | 年款 |
| 1 | 里程碑评价 | 项目启动指令签发 | 总经理 | | |
| 2 | | 阀 1- 商品定位及概念评审 | 总经理 | — | |
| 3 | | 阀 2- 计划目标发布评审 | 分管开发副总经理 | — | |

表 3-2　新车型 QCD 指标设定和调整决策层级设定

| 序号 | | 决策事项 | | 开发类型 | | |
| --- | --- | --- | --- | --- | --- | --- |
| | | | | 全新 / 换代 | 中改 | 年款 |
| 1 | | 规划方案 | 年度新产品开发计划 | 总经理 | | |
| 2 | S | 营销策划 | 车型命名方案 | | | |
| 3 | Q | 开发设定 | 新技术 / 新工艺导入 | 分管开发副总经理 | | |

### 3.6.2　过阀评审

过阀评审是一个项目开发阶段特有的质量管理活动，具有强制性，是多数汽车企业采用的项目管控方式。这个过程主要评审里程碑完成情况是否达成预设目标，其结果可能会影响到项目是否能够进入下一阶段。

在具体实施过程中，"过阀"通常代表着各里程碑交付内容的完成。如果实际过阀时间点与计划不一致，那么就需要对后续里程碑的时间点进行修正。汽车产品开发项目的主要阀门节点如图 3-14 所示。

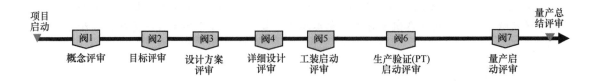

图 3-14　主要阀门节点

过阀评审的结果包括确定质量阀评审是否通过、带条件通过、不通过以及后续改进要求，并输出质量阀评审报告，为后续的项目开发做准备。这个评审过程不仅可以决定项目能否顺利运行，也可推动问题的及时解决。

除明确说明项目暂停外，即便过阀评审不通过，项目的工作也不能停止，应该抓紧时间补齐工作，准备再次评审。

### 3.6.3　里程碑会议

目前，多数汽车企业在新产品开发项目中都采用过阀评审的方式对开发过程进行管控。过阀评审的初衷是像管控水流一样管控项目的进度。理论上，如果项目在规定的时间点没有通过评审，对于未达标的工作要及时改进，待重新评审通过后，才能开展后续项目的工作。

项目自成立后，需经历多次过阀评审，即里程碑会议。"阀"指产品开发流程中的关键节点，过阀评审的评价者通常是公司领导（总经理及相关分管副总）。过阀评审具有如下优势：

1）公司领导共同对目标进行回顾，对达成情况进行评审，防止项目执行过程中偏离目标。

2）及时发现项目中的问题和风险，并对问题达成共识。

3）审议下阶段工作计划，并对计划达成共识。

### 3.6.4　关键评价会议

汽车开发过程还涉及关键评价会议，如造型主题批准评审、配置阶梯评审等。评审会议均需相关领域团队成员汇报本领域的方案、风险等，由领导判断。会议结论为后续的开发工作提供方向。关键评价会议节点如图 3-15 所示。

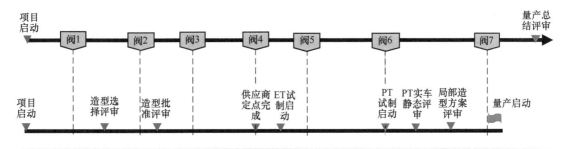

**图 3-15　关键评价会议节点**

注：1. 配置阶梯调整在配置阶梯生成后，根据项目实际情况可在阀 6 前提出。
　　2. 配置表在配置阶梯后发布或调整，流程图中不再标注。

### 3.6.5　生产准备过程判断会议

生产准备阶段是新产品从开始试产到批量正常生产的整个过程，为了确保新产品能够按计划顺利进行试产、批量生产，保证产品质量而进行的相关人员培训、指导书制订、物料调配、设备（含工装、量具、工具）准备等活动。这个活动过程通常也称为生产准备阶段。生产准备阶段主要为 PT 试制阶段，划分为多个阶段，每个阶段开始前均需做流动判断，用于判断该阶段是否已具备成熟的加工条件；阶段结束后需做流动总结，对本阶段流动中问题改进情况进行验收和确认，改善措施用于下一阶段的改进。生产准备过程的主要会议如图 3-16 所示。

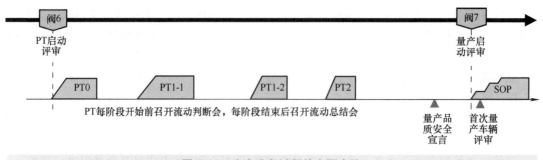

图 3-16　生产准备过程的主要会议

## 3.7 项目风险管理

项目风险是指可能导致项目损失的不确定性，美国项目管理大师马克思·怀德曼将其定义为某一事件发生给项目目标带来不利影响的可能性。

每个项目都是独特的，其目的是完成服务或交付产品以获得相应的收益，不论项目大或小、简单或复杂，都可能会面临风险。开展项目，不仅要面对各种制约因素和假设条件，而且还要应对可能的相互冲突和不断变化的相关方期望。组织应该有目的地以可控方式去承担项目风险，以便平衡风险和回报，并创造价值。概括地说，风险的出现是由人们对项目发展和变化情况认知不足，无法准确判断某事物的发展而产生的，通过风险管理，我们将风险产生的积极因素最大化，同时使消极影响最小化。

### 3.7.1 风险管理的作用与目标

项目风险管理的作用是确保风险管理的水平、方法和可见度与项目风险程度，以及确保项目和组织及其他相关方的重要程度相匹配。

风险管理的目标是把整体项目风险减小到项目发起人和其他干系人可接受的水平。具体来讲，项目风险管理的理想目标是消除风险产生的威胁，对于非系统性的风险，应做到全部消灭。

#### 1. 项目风险分类

1）项目风险包括以下几类。单个项目风险，是一旦发生，就会对一个或多个项目目标产生正面或负面影响的不确定事件或条件。

2）整体项目风险，是相关方面临的项目结果正面和负面变异区间。它源于包括单个风险在内的所有不确定性。

3）已知-已知风险，是已经识别出并分析过的风险，可对这些风险规划应对措施。

4）已知-未知风险，是已识别，但又无法主动管理的风险，要分配一定的应急储备。

5）未知-未知风险，是无法识别且无法进行主动管理的风险，因此需要分配一定的管理储备，也需要提高项目的韧性来应对。

#### 2. 项目风险管理方式的裁剪

在项目管理中裁剪是一种方法，用于调整项目的范围、时间、成本等关键参数，以适应项目的特定情况和要求。裁剪的主要目的是确保项目能够在限定的资源和时间内顺利完成，并达到预期的目标和效果。裁剪的具体做法通常包括：缩小项目范围、压缩项目时间、减少项目成本、提高项目效率等。其中，缩小项目范围是最常见的裁剪手段，它可以通过去除项目中不必要或者不紧急的部分来减轻项目的负担，使项目更加聚焦和有效。

项目裁剪是一种在项目管理中常用的策略，其主要目的是调整项目的关键参数，以适应项目的实际情况和需求。在项目管理中，裁剪的关键参数通常包括项目的范围、时间、成本等。这些参数构成了项目的三大约束，也被称为"项目三角"。通过对这些关键参数的裁剪，可以帮助项目更好地满足其目标和要求。

因为每个项目都是独特的，所以有必要对项目风险管理过程的应用方式进行裁剪。裁剪时应考虑的因素包括（但不限于）：

1）项目规模。不同规模的项目所采用的风险管理策略肯定不一样，项目经理应当充分考虑到项目预算、周期、工作范围以及团队成员人数等方面，对于复杂的大型项目，一般需要使用更可靠的风险管理方法；对于简单的项目，在保证风险管理有效性的前提下，应尽可能简化管理方法与流程。

2）项目复杂性。项目的复杂性除了与项目规模有关之外，还与项目的技术路线、创新性、市场投放、地域、商务安排或一些外部的依赖关系有关。项目经理应当选择更专业、细致、全面的风险管理方法。

3）项目重要性。项目重要性主要在于是否符合公司的战略目标、项目的机会风险是否能为公司创造潜在的巨大价值、项目能否驱动公司进行创新变革。

4）开发方法。开发方法有预测型、敏捷型、迭代开发、DevOps开发或者其他适用的方法，也可以根据项目不同阶段的特性，采用混合型生命周期来管理。

根据上述需考虑的因素来裁剪项目风险管理过程，这是规划风险管理过程的工作之一。裁剪结果将被记录在风险管理计划中。

### 3. 项目风险管理计划

风险管理计划是项目管理计划的组成部分，它主要描述如何安排与实施风险管理活动。风险管理计划可包括以下部分或全部内容：

1）风险管理战略。描述用于管理本项目风险的一般方法。

2）方法论。确定用于开展本项目的风险管理的具体方法、工具及数据来源。

3）角色与职责。确定每项风险管理活动的领导者、支持者和团队成员，并明确他们的职责。

4）资金。确定开展项目风险管理活动所需的资金，并制定应急储备和管理储备的使用方案。

5）时间安排。确定在项目生命周期中实施项目风险管理过程的时间和频率，确定风险管理活动并将其纳入项目进度计划。

6）风险类别。确定对单个项目风险进行分类的方式。通常借助风险分解结构（RBS）来构建风险类别。风险分解结构是分析潜在风险来源的层级。展现风险分解结构有助于项目团队考虑单个项目风险的全部可能来源，对识别风险或归类已识别风险非常有用。组织确定可使用于所有项目的通用风险分解结构，也可能针对不同类型项目使用几种不同的风险分解结构框架，或者允许项目量身定制专用的风险分解结构。如果未使用风险分解结构，则组织可能采用某种常见的风险分类框架，既可以是简单的类别清单，也可以是基于项目目标的某种类别结构。

### 3.7.2 项目风险识别

要做好项目风险管理，首先要做的是识别风险，这也是整个风险管理过程的基础。在识别风险后，我们才能对风险进行分类，从而选择适当的应对措施。

识别风险是识别单个项目风险以及整体项目风险的来源，并记录风险特征的过程。本过程的主要作用是记录现有的单个项目风险，以及整体项目风险的来源，同时，汇集相关信息，以便项目团队能够恰当应对已识别的风险。

风险识别活动的参与者可能包括项目经理、项目团队成员、项目风险专家（若已指定）、客户、项目团队外部的主题专家、最终用户、其他项目经理、运营经理、相关方和组织内的风险管理专家等。

在整个项目生命周期中，单个项目风险可能随项目进展而不断出现，整体项目风险的级别也会发生变化。因此，识别风险是一个迭代的过程。迭代的频率和每次迭代所需的参与程度因情况而异，应在风险管理计划中做出相应规定。

风险识别的工具与技术包括以下几类。

1）头脑风暴。头脑风暴法是利用协同效应，利用集体思维来寻求各种潜在解决方案的方法。头脑风暴的目标是获取一份全面的单个项目风险和整体项目风险来源的清单。通常由项目团队开展头脑风暴，同时邀请团队以外的多学科专家参与。在讨论时，应该提前指定一个引导者，确保讨论始终以风险识别为中心，所有参与者均有机会发言。

2）SWOT分析。SWOT分析是对项目的优势、劣势、机会和威胁进行逐个检查。在识别风险时，首先根据项目自身的条件，识别出组织的各方面（如地理位置、周边环境与配套设施、专业技术、人力资源等）的优势和劣势；然后，找出组织可能为项目带来的机会和威胁。另外，还可以分析组织优势能否一定程度抵消劣势带来的威胁，组织劣势是否会妨碍机会的产生。

3）风险登记册。风险登记册用于记录已识别单个项目风险的详细信息，包含各个风险的原因、评估的影响、应对方案及其执行过程监控、责任人等。记录内容取决于具体的项目变量（如规模和复杂性），风险登记册可能包含有限或广泛的风险信息。当完成识别风险过程时，风险登记册的内容可能包括（但不限于）：已识别风险的清单、潜在风险责任人以及潜在风险应对措施清单等。

4）风险报告。风险报告不仅提供关于整体项目风险的信息，同时也提供已识别的单个项目风险的概述信息、应对策略等。在项目风险管理过程中，风险报告的编制是一项渐进式的工作。风险报告的内容可能包括（但不限于）：整体项目风险的来源、关于已识别单个项目风险的概述信息、风险等级评估、风险类别、应对策略、经验教训登记册。

### 3.7.3 实施定性风险分析

实施定性风险分析是通过评估单个项目风险发生的概率、影响以及其他特征，对风险进行优先级排序，从而为后续分析或行动提供基础的过程。该过程需要在整个项目期间开展，其重点是关注高优先级的风险。

#### 1. 实施定性风险分析的依据

定性风险分析的依据包括风险管理计划、范围基准、风险登记册、事业环境因素、组织过程资产等项目文件。

### 2. 实施定性风险分析的工具

实施定性风险分析的工具主要包括以下 3 种。

1）风险数据质量评估。将收集的数据整理后，便开始对其准确性和可靠性做评估。风险数据质量低将直接导致定性风险分析结果不可靠。

2）风险概率和影响评估。风险概率评估即了解某一风险发生的可能性有多高，如果风险为 100% 则说明已变成事实，应记录到问题日志中；而影响评估考虑的是风险对一项或多项目标的潜在影响，如进度、成本、质量或绩效。风险根据正负面的影响又分为机会和威胁。风险评估的形式可以采用访谈或会议，参加者将依照他们对风险登记册中所记录的风险类型的熟悉程度而定。

3）概率和影响矩阵。如图 3-17 所示，在常见的概率和影响矩阵中，会同时列出机会和威胁；概率和影响可以用描述性术语（如很高、高、中、低和很低）或数值来表达。如果使用数值，就可以把两个数值相乘，得出每个风险的概率 – 影响分值，以便据此在每个优先级组别之内排列单个风险相对优先级。

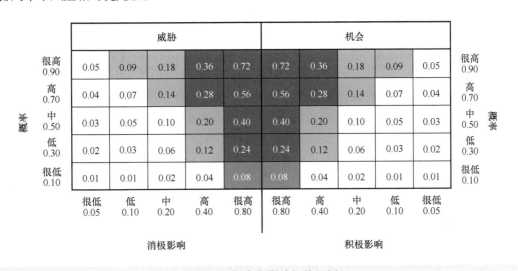

图 3-17　概率和影响矩阵示例

## 3.7.4　实施定量风险分析

实施定量风险分析贯穿整个项目生命周期，其目的是从数值上分析每项风险的概率及其对项目目标的影响程度。通过量化整体项目风险敞口，并提供额外的定量风险信息，以支持风险应对规划。另外，并不是所有项目都需要采用定量风险分析，定量分析最可能适用于大型或复杂的项目、具有战略重要性的项目、合同要求进行定量分析的项目，或主要相关方要求进行定量分析的项目。

## 3.7.5　规划风险应对

规划风险应对是为处理整体项目风险敞口以及应对单个项目风险而制定可选方案、选择应对策略并商定应对行动的过程。该过程的主要输出是，制定应对整体项目风险以及单个项目风险的适当方法；同时还将对资源的分配进行调整，并根据需要将相关活动添加进相关项目文件和项目管理计划。该过程需要在整个项目期间开展。

制定有效和适当的风险应对可以最小化单个威胁、最大化单个机会并降低整体项目风险敞口；不恰当的风险应对则会适得其反。风险应对方案要指定一名责任人具体负责，以便落实、跟踪。如果风险应对方案有多个，则可以用结构化决策技术来选择最合适的应对方案。对于大型或复杂项目，可能需要以数学优化模型或实际方案分析为基础，进行更加稳健的备选风险应对策略经济分析。

**1. 威胁应对策略**

针对威胁，可以考虑下列 5 种备选策略：

1）上报。当团队认为风险带来的威胁不在项目范围内，或者执行制定的风险应对措施超出了项目经理的权限时，就应该采用上报策略。威胁通常要上报给其目标会受该威胁影响的层级。威胁一旦上报，就不再由项目团队做进一步监督，虽然仍可记录在项目风险登记册中供参考。

2）规避。规避风险适用于发生概率较高且具有严重负面影响（比如威胁的应对措施可能导致项目管理计划发生较大变更、威胁影响项目目标实现、威胁可能会违反法律法规等）的高优先级威胁。对于这种威胁，我们要杜绝其发生。规避措施可能包括消除威胁的根源、调整进度计划、改变项目策略或缩小范围。有些风险可以通过澄清需求、获取信息、改善沟通或取得专有技能来加以规避。

3）转移。转移即将应对威胁的责任转移给第三方，让第三方管理风险并承担威胁发生的影响。平常生活中购买保险就是风险转移例子。采用转移策略，通常需要向承担威胁的一方支付风险转移费用。风险转移可能需要通过一系列行动才得以实现，包括（但不限于）购买保险、使用履约保函、使用担保书、使用保证书等；也可以通过签订协议，把具体风险的归属和责任转移给第三方。

4）减轻。减轻是指事先采取措施来降低威胁发生的概率和（或）影响。减轻措施包括采用更简单的流程、进行更多次测试或者选用更可靠的卖方。还可能涉及原型开发，以降低从实验台模型放大到实际工艺或产品中的风险。如果无法降低概率，也许可以从决定风险严重性的因素入手来减轻风险发生的影响。例如，在一个系统中加入冗余部件，可以降低原始部件故障所造成的影响。

5）接受。接受代表承认威胁并且不主动采取应对措施，这适用于低优先级风险，也可用于无法以任何其他方式经济有效地应对的威胁。接受策略又分为主动方式和被动方式。最常见的主动接受策略是建立应急储备，包括预留时间、资金或资源以应对出现的威胁；被动接受策略则不会主动采取行动，而只是定期对威胁进行审查，确保其并未发生重大改变。

**2. 机会应对策略**

面对机会可以考虑以下 4 种策略：

1）上报。如果项目团队认为某机会不在项目范围内，或者超出了项目经理的权限，就应该采取上报策略。被上报的机会将在项目集、项目组合或组织的其他相关部门层面加以管理。项目经理确定将机会通知哪些人员，并向该人员或组织部门传达关于该机会的详细信息。

2）开拓。选择开拓策略适用于组织想把握住机会让项目获得更大优势的情形。此策略将特定机会出现的概率提高到 100%，确保机会一定出现，从而获得与其相关的收益。开拓措施包括：使用能力最高的资源，争取提前完成项目工作，缩短工期；或使用新技术路线、升级技术方案来节约项目持续时间，达到降低成本的效果。

3）分享。分享是把机会的责任转移到第三方，机会的收益同样也要分享给第三方。分享措施包括建立合伙关系、合作团队、特殊公司或合资企业来分享机会。

4）提高。我们希望提高产生正面影响机会出现的概率。通过对机会各方面分析，可以提高机会出现的概率；如果无法提高概率，还可以针对决定其潜在收益规模的因素来提高机会发生的影响。

### 3. 应急应对策略

对于某些风险，如果项目团队认为它的发生会有明显的前兆或信号，那么就应该制定相应的应急计划，当某些预定条件出现时执行。确定应急应对策略的触发条件十分关键，例如，里程碑无法达成或获得卖方更高程度的重视等。这种计划一般称为应急计划或弹回计划，其中包括已识别的、用于启动计划的触发事件。

## 3.7.6　实施风险应对

上一过程已经商定了风险的应对策略，本过程将确保应对措施得到有效执行和落实，项目的整体风险敞口或单个风险得到有效管理，并尽可能提高对项目产生正面影响的机会的发生概率。

在项目风险管理实际经验中会发现，尽管把组织或团队制定的一系列风险应对措施记录到风险登记册或风险报告中，有时候措施会因为各种原因没有落实到位，项目经理需要了解各个措施的执行状态，主动管理风险，才能确保风险得到有效控制。

## 3.7.7　监督风险

监督风险活动贯穿于整个项目周期，需监控的对象为规划风险应对活动中商定的计划、持续跟进风险登记册中已识别的风险和新出现的风险，并且对风险管理工作有效性进行评估。本过程的核心是，让项目风险管理活动输出的整体项目风险敞口与单个项目风险的实时信息应用到项目相关决策中去。

为了确保项目团队和关键干系人清楚项目的风险敞口及级别，需要通过监督风险过程对项目风险控制工作进行持续监督，来发现新出现、正变化和已过时的单个项目风险。监督风险过程采用项目执行期间生成的绩效信息，以确定：执行的风险应对措施的成效如何，整体项目风险级别是否得到控制并降低，单个项目风险状态是否发生变化；项目初始的假设条件是否依旧具备；实施风险应对措施时，重要的流程是否遵守，程序是否正当。

## 3.7.8　实战经验与注意事项

—— 案例 ——

某设计公司承接了某主机厂的一款新能源汽车外观设计工作，按照主机厂的效果图设计出车型的外观数据。在双方前期进行了频繁的沟通后，双方就项目范围、周期、计划等最终达成一致，并且签订了合作合同。项目经理按照计划监管项目状态，由于前期双方做了充分的沟通和准备，项目进展非常顺利，设计公司顺利完成了第一个里程碑节点的交付物。但是在项目进展中期，项目经理发现客户对下一个节点的设计输入数据的状态没有给出明确的答复，相关细节无法确认，意识到客户内部可能对汽车外观做出了一定的调整，项目存在进度和范围风险。项目经理召集客户以及内部相关方讨论此问题，并由产品经理分析了车型效果图外观的改动对目前数据设计工作进度的影响。双方经过不断地讨论，一致认为项目需要在原计划的基础上推迟2个月的开发时间，并由此产生了进度和成本风险，项目经理将风险记录到风险登记册中。

项目经理召集核心技术人员开会，商讨如何应对能使项目风险降低的同时不会对公司利益有影响。最终确认的应对措施包括两点：

1）派出专业素质较高的人员去和客户公司沟通，将车型外观的变动、涉及的零件等技术或方案问题了解清楚，并将对方的要求传递给内部研发设计师。这样做提高了变更的沟通效率，也推动了客户明确效果图的冻结、对更改方案做出决策，因此项目最终只在原计划的基础上推迟了1个月完成。

2）项目经理通过和产品经理沟通，认为客户在项目中期修改效果图导致了部分零件需要更改，超出了项目范围；因为需要按照客户新要求设计车型数据，导致部分已完成的数据要返工甚至重做，不可避免地对项目进度造成影响。项目经理将客户的范围和进度变更提交给项目变更委员会，通过后将相关文件发给客户追加一些费用，双方谈判后，客户同意追加费用，解决了成本风险。

在这个案例中，项目风险主要是由客户变更项目范围引起的，作为项目经理，应对影响项目进度的关键输入物进行严格的管控、监督，才能在早期发现风险。当确认风险发生概率较大时，需及时与相关方召开会议，共同评估风险发生的概率及影响，并商讨应对策略，在能有效消除或降低风险的同时也应当考虑成本、代价，尽量通过计算风险敞口来评估需预留多少时间或资金来容纳风险。当应对风险措施影响到进度基准、成本基准等时，则需要遵守变更流程，向变更控制委员会提出变更申请。如有必要，需与客户进行商务谈判，通过追加项目费用等措施弥补因变更带来的公司利益损失，此过程务必提前准备好相关材料，以友好协商的态度进行双方的交流，如果一次谈判未达到效果，则可以进行多轮谈判，尽量理解客户的立场和顾虑，并在讨论中展现出对客户的尊重和关注。最重要的是，确保沟通过程中保持透明和诚实。与客户建立良好的沟通渠道和信任，有助于维护双方的关系，并寻找到共赢的解决方案。

## 3.8 项目管理的工具及方法

车型项目开发存在复杂的业务流程和庞大的项目数量，许多主机厂开始使用项目管理工具和方法来更好地管理项目。这使得团队规划和项目过程管理变得更加简单和有效，其中看板管理/周报、月报管理可以应用于任何领域或行业的项目，可以更好地提高效率，节省时间并降低成本。

—— 案例 ——

某公司最近计划推出一款采用全新平台打造的新能源电动汽车，然而由于该项目未运用好项目管理的工具，未通过看板和日常的报表管理项目，项目最终以失败告终。

首先，该项目进度监控不足，缺乏有效的进度监控机制，未采用看板和日常报表管理，导致项目进度严重延误。项目负责人没有及时掌握项目进展情况，无法及时发现和解决问题，使得项目进度无法得到有效控制，也无法及时调整项目计划和资源分配，进一步加剧了项目延误。

其次，在项目推进中没有举行定常的例会，未通过看板和日常的报表管理，让团队成员信息传递不及时、不准确，沟通不顺畅，项目进度无法得到有效控制，导致项目进度受到严重影响，同时也导致项目在资源分配方面存在问题。在项目执行过程中，一些关键任务没有得到足够的资源支持，无法在规定时间内完成。此外，部分团队成员技能不足以应对项目中遇到的技术难题，也给项目的推进带来障碍。

案例启示：该项目是一个典型的汽车项目管理失败的案例。这个项目失败的教训提醒我们，在汽车项目管理中，要运用好项目管理工具，形成定常会议机制，通过看板和日常的报表管理，让团队成员和负责人及时掌握项目进度，从而能够高效协调资源、快速解决课题，加强团队沟通和协作。

### 3.8.1 项目管理的工具方法——看板管理

#### 1. 看板管理的概念及特点

看板管理是一种把车型项目的日程、课题情况与对策、责任人与相关目标等，通过纸质或电子看板的形式展现到固定位置，使项目组成员及时了解项目信息、迅速解决问题、实现计划与控制相协调的有效工具，看板是管理可视化的一种表现形式，看板目视化管理有助于及时暴露项目问题。其优点如下：

1）提高管理透明度：项目管理看板将项目的所有情况都可视化展示在一个界面上，团队成员和上级对项目的整体进展情况、实绩现状以及下一阶段的工作重点和计划一目了然。这种可视化的形式更加直观，可以帮助团队成员快速识别和解决问题。

2）促进团队合作：项目管理看板为团队成员提供了一个共享的工作平台，团队成员可以在看板上共同编辑、更新任务信息，相互讨论和协作。

3）实时跟踪和调整：项目管理看板允许团队成员实时更新任务状态和进展情况。团队成员可以随时根据项目需要进行调整和重新分配任务，以确保项目的顺利进行。

4）识别瓶颈和问题：通过项目管理看板，团队成员可以清楚地看到任务的状态和进展情况。团队成员可以迅速识别出可能存在的问题和瓶颈，并采取相应的解决措施。

5）可定制性：项目管理看板通常具有较高的可定制性，团队可以根据自己的需求和工作流程对看板进行调整和优化。他们可以为每个任务添加自定义字段或标签，以便更好地组织和管理任务。

#### 2. 看板类型和标识规则

（1）计划类看板

计划类看板的主要内容包括：项目计划、进度管理、资源分配、风险管理、质量、成本等管理。一个有效的计划类看板可以帮助团队成员更好地了解项目进展情况、识别潜在风险、优化资源分配，并确保项目质量。

（2）技术方案类看板

技术方案类看板涵盖了项目概述、需求分析、技术架构、模块设计、编码实现、测试验证、部署上线、维护优化等方面。

（3）开发计划类看板

看板包含已制定的详细的开发计划，包括时间表、关键节点、里程碑等。通过看板，团队可以跟踪项目进度并确保按时交付。

### 3. 项目看板举例说明

一个典型的车型项目管理看板如图 3-18 所示。其包含的主要内容如下。

1）车型项目介绍：介绍项目的情况，如车型市场定位、商品概念、卖点、配置、关键因素、投产场地、销售规划、开发成本费用、经济性分析等。

2）车型项目大日程：介绍车型项目开展的主计划，包括项目的主节点、配置 BOM、造型计划、预算和成本管理、供应商定点、工程设计、整车关键系统开发标定、试制试验、生产准备、品质培养、市场准入、营销策划等。

3）车型项目月报：作为项目月度管理的工具，该板块主要是项目团队月例会和向上级汇报所展示的工具媒介，主要展现内容包括车型系列、项目代号、TQCD 领域（T：产品力、Q：质量、C：成本、D：日程）、等级、工作项目、项目要素、状态、经理级负责人、总监级负责人、完结时间项目推进日程等。

4）车型项目周报：作为项目周度管理的工具，该板块主要是项目团队周例会和向上级汇报所展示的工具媒介，展现的内容包括项目基础信息、销量情况、课题及进展、需领导协调的事项等。

5）车型专项课题说明：该板块包含在项目推进过程中，存在如 TQCD 领域课题等需要专项分析报告说明的事项，展示内容包括现状说明、原因分析、对策制定、对策实施、效果确认、工作标准化、横向展开等。

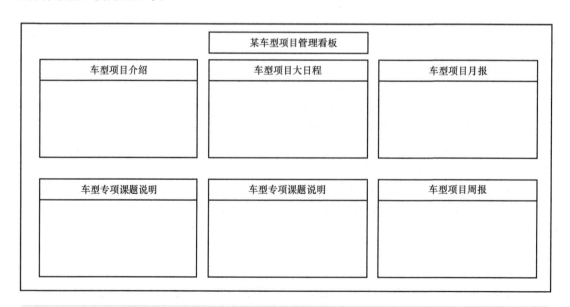

图 3-18  典型的车型项目管理看板

### 3.8.2 项目管理的工具方法——周报、月报管理

#### 1. 车型项目管理周报

一个典型的车型项目周报如图 3-19 所示。其包含的主要信息如下。

1）项目基础信息：包括项目的代号、分类（全新、中改、年款等）、新车型质量目标（单台不良）、成本、推进日程计划（含各阶段关键节点和量产时间）。

2）销量情况：现款车型月度销量推移以及竞品销量变化，包括各派生的情况和销量目标，能直观了解车型销量趋势，指引后续车型开发和提升等工作。

3）课题及进展：包括 TQCD 领域、课题说明（问题点、问题原因、对策方向）、本周进展（进展说明和当前状态）、下周计划（下周开展内容和完成时间）和责任人。

4）需领导协调的事项：主要展示团队无法解决的课题，需要协调相关领域的资源。

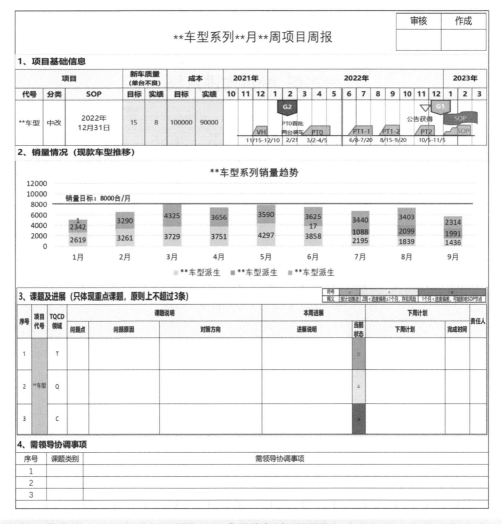

图 3-19 典型的车型项目周报

#### 2. 月报管理

车型项目管理月报作为项目月度管理的工具，主要展现内容包括车型系列、项目代号、

TQCD 领域、等级、工作项目、项目要素、状态、经理级负责人、总监级负责人、应完结时间、项目推进日程等。典型的车型项目月报如图 3-20 所示。其包含的主要信息如下。

1）TQCD 领域：包括产品力、质量、成本、日程等内容。

2）等级：分为 ABC 级，其中 A 级代表产品大总监关注，B 级代表项目经理关注，C 级代表各专业组自行管理。工作项目是车型开发过程中需开展的工作，如某车型后排座椅开发可作为一个工作项目。

3）项目要素是工作项目分解下来的关键工作，如后排座椅开发的项目要素为技术方案确定、供应商定点、开模、耐久试验、品质培育、量产设变等。

4）状态分为正常推进和延迟。如果项目推进实绩比计划延后，则状态填写"延后"；按计划推进的项目，则状态填写为正常推进。

5）经理级负责人是负责该项目的经理，总监级负责人是该项目的总监。

6）应完结时间是工作项目的计划完成时间。

7）项目推进日程是结合项目要素，罗列出项目开展的关键时间节点和事项。

## **车型 **月推进月报**

| 序号 | 车型系列 | 项目代号 | TQCD领域 | 等级 | 工作项目 | 项目要素 | 状态 | 经理级负责人 | 总监级负责人 | 应完结时间 | 2023年12月 |
|---|---|---|---|---|---|---|---|---|---|---|---|
| 1 | | | | | | | | | | | 12/3 12/6 12/11 12/12 12/20 ××× ××× |
| 2 | **车型 | | | | | | | | | | |
| 3 | | | | | | | | | | | |

图 3-20　典型的车型项目推进月报

# 3.9　项目沟通管理

—— 案例 ——

李明是一个有才华、有能力、强硬的领导者，但是新的海底光纤通信项目比他以前参与过的任何一个项目大得多、复杂得多。这个海底通信项目分为几个截然不同的项目，李明是负责监督所有这些项目的经理。由于海底通信系统的市场不断变化，包括的项目又多，因此，沟通和灵活性对于李明来说关系重大。如果错过里程碑和完成日期，他的公司将遭受巨大的资金损失，小项目每天损失数千美元，大项目每天损失将超过 25 万美元。许多项目都依赖其他项目的成功，因此，李明必须积极了解和管理这些重要的关系。

李明与向他汇报的项目经理们进行过几次正式的和非正式的讨论，并与项目实施助理王红一起为该项目编制了一个沟通计划。然而，他还是不能确定管理所有细节的最佳方法。他还想给项目经理制订统一的编制计划和跟踪执行的方法，又不扼杀他们的创造性和自主性。王红建议他们考虑使用一些新的通信技术，使一些重要的项目信息及时更新，保持同步。事实上，由于每周都有更多的项目将纳入海底通信这个项目群中，新的沟通技术使得项目沟通效率得到很大提高，最终海底光纤通信项目成功完成。

## 3.9.1 项目沟通管理概述

### 1. 项目沟通的重要意义

沟通是人们分享信息、交流思想和情感的过程。沟通的主旨在于互动双方建立彼此相互了解的关系，相互回应，并且期待能经由沟通的行为与过程相互接纳并达成共识。在实际的项目中，大部分冲突、挫折和低效率都是由于沟通不畅造成的。

项目沟通管理是确保及时、正确地产生、收集、分发、存储和最终处理项目信息所需的过程。项目沟通管理过程揭示了实现成功沟通所需的人员、观点、信息这三项要素之间的一种联络关系。项目沟通管理由两个部分组成：第一部分是制定策略，确保沟通对相关方行之有效；第二部分是执行必要活动，以落实沟通策略。

在实际的项目开展中，项目管理者需要将 75%~90% 的时间用于与项目团队、项目干系人、客户和赞助商的沟通中，包括提供项目指导、做出决策、授予工作、指导行动、进行谈判、撰写报告、参加会议、解决冲突等。项目经理与相关方之间的沟通贯穿于项目生命周期的始终。

### 2. 沟通方式的分类

沟通是指用各种可能的方式，如沟通活动（会议和演讲），或者以工件的方式（如电子邮件、社交媒体、项目报告或项目文档）来发送或接收信息。

项目经理的大多数时间用于与团队成员和其他项目相关方沟通，包括来自组织内部（组织的各个层级）和组织外部的人员。不同相关方可能有不同的文化和组织背景，以及不同的专业水平、观点和兴趣，有效的沟通能够在他们之间架起一座桥梁。

沟通活动可按多种维度进行分类，包括（但不限于）以下几种。

1）内部和外部沟通：内部沟通针对项目内部或组织内部的相关方；外部沟通针对外部相关方，如客户、供应商、其他项目、组织、政府、公众和环保倡导者。

2）正式和非正式沟通：报告、正式会议（定期及临时）、会议议程和记录、相关方简报和演示属于正式沟通，社交媒体、网站以及非正式临时讨论的一般沟通活动属于非正式沟通。

3）官方和非官方沟通：年报、呈交监管机构或政府部门的报告属于官方沟通，采用灵活（往往为非正式）的手段来建立和维护项目团队及其相关方对项目情况的了解和认可，并在它们之间建立强有力联系的属于非官方沟通。

4）垂直和水平沟通：上下级之间的沟通属于垂直沟通，同级之间的沟通属于水平沟通。

5）书面与口头沟通：书面沟通除了常规的文件、邮件沟通外，还包括社交媒体和网站、媒体发布等。口头沟通包括口头（用词和音调变化）及非口头（肢体语言和行为）等形式的交流。

**3. 书面沟通的 5C 原则**

在项目沟通中，需要尽力预防各种误解，并从规划过程所规定的各种方法、发送方、接收方和信息中做出谨慎选择。

在编制传统（非社交媒体）的书面或口头信息的时候，应用书面沟通的 5C 原则，可以减少误解，即：

1）正确的语法和拼写：语法不当或拼写错误会分散对方注意力，还有可能扭曲信息含义，降低可信度。

2）简洁的表述和无多余字：简洁且精心组织的信息能降低误解信息意图的可能性。

3）清晰的目的和表述（适合读者的需要）：确保在信息中包含能满足受众需求与激发其兴趣的内容。

4）连贯的思维逻辑：写作思路连贯，以及在整个书面文件中使用诸如"引言"和"小结"的小标题。

5）受控的语句和想法承接：可能需要使用图表或小结来控制语句和想法的承接。

**4. 规划沟通管理**

规划沟通管理是基于每个相关方或相关方群体的信息需求、可用的组织资产以及具体项目的需求，为项目沟通活动制定恰当的方法和计划的过程。本过程的主要作用是及时向相关方提供相关信息，引导相关方有效参与项目以及编制书面沟通计划。规划沟通管理应根据需要在整个项目期间定期开展。

**5. 管理沟通**

管理沟通是确保项目信息及时且恰当地收集、生成、发布、存储、检索、管理、监督和最终处置的过程。本过程的主要作用是促成项目团队与相关方之间的有效信息流动。本过程需要在整个项目期间开展。

管理沟通的过程会涉及与开展有效沟通有关的所有方面，包括使用适当的技术、方法和技巧；此外，它还应允许沟通活动具有灵活性，允许对方法和技术进行调整，以满足相关方及项目不断变化的需求。

**6. 监督沟通**

监督沟通是确保满足项目及其相关方的信息需求的过程。本过程的主要作用是按照沟通管理计划和相关方参与计划的要求优化信息传递流程。该过程需要在整个项目期间开展。

### 3.9.2 高效的项目沟通管理经验分享

项目管理是一个复杂的过程，涉及多个参与者和多个阶段。在这个过程中，有效的沟通是至关重要的。项目管理沟通不仅包括项目团队成员之间的沟通，还包括与项目干系人（如客户、供应商、高层管理人员等）的沟通。本节将分享一些项目管理沟通的有益经验，探讨如何通过有效的沟通来提高项目的成功率。

**1. 制定清晰的沟通计划**

清晰的沟通计划是项目沟通管理的基石，它明确了何时、向谁、使用何种方式传递信息。下面是制定沟通计划的具体步骤。

1）识别利益相关者：确定项目中的所有利益相关者，并了解他们的期望和需求。

2）定义信息需求：明确每个利益相关者需要哪些信息，以确保传递的信息是有针对性的。

3）确定沟通频率：确定信息更新的频率，避免信息过多或过少。

4）选择沟通渠道：根据信息的性质和受众的偏好，选择合适的沟通渠道，如会议、电子邮件、报告等。

### 2. 有效的团队会议

有效的团队会议是促进沟通、解决问题、协调工作的关键平台。下面是组织团队会议的具体步骤。

1）制定议程：提前制定明确的议程，确保会议有组织、高效。

2）鼓励参与：鼓励团队成员分享意见，确保每个人都有机会表达观点。

3）解决问题：使用会议解决团队面临的问题，确保问题得到及时的关注和解决。

4）制定行动计划：在会议结束时明确行动计划，确定每个人的任务和截止日期。

### 3. 利用项目管理工具

合适的项目管理工具可以提高团队的协作效率，促进信息的集中存储和共享。利用项目管理工具，需要注意以下几点。

1）选择适当的工具：根据项目的特点选择适当的项目管理工具。

2）培训团队成员：确保团队成员能够了解和有效使用选定的工具。

3）实时跟踪和更新：使用工具实时跟踪任务进度、问题和变更，确保团队始终了解项目的状态。

## 3.9.3 "报联商"的应用

—— 案例 ——

#### 案例1：沟通失效导致项目失败

一家软件开发公司承接了一个为客户开发定制软件的项目。项目团队由项目经理、开发人员、测试人员和客户代表组成。在项目进行过程中，项目经理与客户代表之间的沟通出现了严重问题。项目经理没有充分了解客户的需求，也没有及时向客户报告项目的进度和遇到的问题。同时，客户代表也没有明确地表达他们的需求，对项目进度和问题也缺乏关注。

由于沟通失效，项目团队在开发过程中出现了很多误解和错误。最终，项目延期交付，软件质量不达标，客户非常不满意。客户要求公司赔偿损失，并取消了与公司的其他合作项目。

#### 案例2：一个汽车项目考察的沟通

某车企通过不断努力，终于有一家业内有名的潜在客户对公司有合作意向，准备到公司实地考察。

A老板对本次合作特别重视，委托B经理跟进协调，确认客户来访时间。以下是20分钟后，B经理与A老板的对话：

B经理："联系到了，他们说可能下星期才能过来。"

A老板："具体是下星期几？"

B经理："这个我倒没有细问，不清楚。"

A老板："他们一共多少人来？"

B经理："啊？！您没让我问这个啊！"

A老板："那他们是坐火车来还是坐飞机来？"

B经理："这个您也没让我打听啊！"

对于以上的结果，A老板很不满意，重新委托C经理协调：

C经理："老板，结果是这样的，他们是坐下星期三下午5点的飞机，大约晚上8点钟到。他们一行8个人，由采购招标部袁经理领队。我和他们说了，我们会安排接机。另外，他们打算考察三天时间，具体行程到了以后双方再协商。为了工作方便，我建议把他们安排在附近的宾馆，既方便，又有档次，也表达出我们的诚意。如果您同意，明天我就提前预订房间。再有，下周天气预报有阵雨，我会随时和他们联系，如果行程有变，我随时向您汇报。"

### 1. 报联商的定义及开展

报联商是一种沟通活动，即报告、联络和商量。它是通过报告信息、联络相关人员和进行商量来达成共识或解决问题的过程。报联商的主要目的是促进信息的传递和共享，加强各方之间的沟通和合作，以便更好地解决问题、制定决策或推动项目进展。

以下是报联商的主要步骤。

1）报告：收集、整理和传达相关信息，包括问题的背景、现状、影响等。报告可以通过口头、书面或电子形式进行。

2）联络：与相关人员建立联系，包括团队成员、合作伙伴、上级领导等。通过电话、邮件、会议等方式进行沟通，确保信息的传递和理解。

3）商量：在了解各方意见的基础上进行讨论和协商，以达成共识或解决问题的方案。商量可以通过面对面会议、在线讨论或投票等方式进行。

报联商在商业活动中起着至关重要的作用。它可以促进团队合作，提高工作效率；帮助解决问题，减少误解和冲突；增强信息共享，提高决策质量；推动项目进展，实现目标。

在进行报联商时，需要注意以下几点技巧。

1）确保信息准确、清晰和全面，避免误导或遗漏。

2）倾听他人意见，尊重不同观点，鼓励积极参与讨论。

3）善于引导讨论，确保讨论的重点和目标明确。

4）寻求共识，解决分歧，确保最终方案得到广泛支持。

报联商可以应用于各种商业场景，如项目管理、团队协作、市场营销、客户关系管理等。无论是内部团队还是跨部门、跨组织的合作，报联商都可以帮助各方更好地协同工作，取得成功。

报联商可能面临的挑战包括信息不对称、沟通障碍、意见分歧等。为了克服这些挑战，可以采取以下解决方案：

1）加强沟通技巧培训，提高团队成员的沟通能力。

2）设立明确的沟通渠道和规则，确保信息的及时传递和共享。

3）采用多元化的沟通方式，满足不同人员的需求和偏好。

4）建立良好的合作关系，增强互信和合作意识。

**2. 金字塔原理及应用**

金字塔原理是一种层次性、结构化的思考和沟通技术，它强调在沟通内容中归纳总结出一个中心论点，这个中心论点由若干分论点支撑，而每个分论点又由一定数量的论据支撑，形成了一种层层延伸的结构，很像一座金字塔。在实际应用中，金字塔原理可概括为四句口诀：先结论后原因，先结果后过程，先重要后次要，先全局后细节，如图3-21所示。

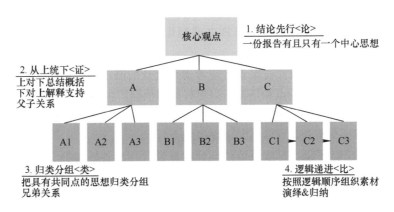

图3-21 金字塔原理的结构特征

金字塔原理可以帮助解决条理不清、逻辑混乱的问题，能够更有效地"想清楚、说明白、知道说什么、怎么说"。尤其是在职场沟通表达时，应牢牢记住"结论先行"这一原则，中心论点最先提出，以此突出想要表达的重点。金字塔原理的应用场景如图3-22所示。

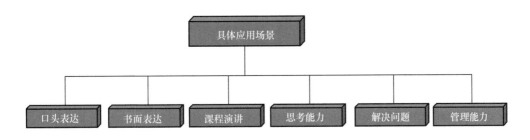

- 口头表达：更高效地进行沟通、交流，汇报成果、述职等
- 书面表达：挖掘读者的关注点、兴趣点、需求点，写出逻辑清晰的报告、总结、方案等
- 课程演讲：让听众更容易接纳你的观点和内容
- 思考能力：提高结构化思维能力，思考全、准、快
- 解决问题：学会界定问题和分析问题，提高解决问题的效率
- 管理能力：做到全面、周到、严谨，合理分配任务

图3-22 金字塔原理的应用场景

**3. 报告的说服力**

一份有说服力的报告应该具备以下几个要点。

1）准备充分：在报告之前，确保你对所要讨论的主题有深入的了解和充分的准备。收集相关的数据、事实和案例来支持你的观点。

2）清晰明了地表达观点：在报告中使用简洁明了的语言，避免使用复杂的术语或专业名词。将观点清晰地传达给听众，确保他们能够理解你的意思。

3）提供有力的证据：使用可靠的数据、研究结果和实例来支持你的观点。这些证据应该是可信且具有权威性的，并且与你的观点密切相关。

4）强调利益和价值：在报告中强调你的建议或观点对听众的利益和价值。说明为什么他们应该接受你的观点，以及如何从中获得利益和价值。

5）利用逻辑和推理：使用逻辑和推理来解释你的观点。你的论点应该是合理和连贯的，让听众能够理解你的思维过程。

6）考虑听众的需求和关切：在报告中应考虑到听众的需求和关切。了解他们的立场和利益，并根据这些信息调整你的论点和证据，以更好地与他们产生共鸣。

7）使用故事和情感因素：通过讲述真实的故事或个人经历来激发听众的情感共鸣。情感因素可以帮助你更好地与听众建立联系并增加说服力。

8）回答问题和反驳异议：预测可能的问题或异议，并准备好回答它们。提供合理的解释和证据，以反驳任何质疑或反对意见。

9）保持自信和专业：在报告中保持自信和专业的态度。相信自己的观点，并以积极的方式与听众互动。

10）给予时间和空间：给予听众足够的时间和空间来思考和提问。尊重他们的意见，并愿意进行进一步的讨论和辩论。

### 3.9.4　高效沟通的技巧

#### 1. 沟通鸡尾酒定义

沟通鸡尾酒是一种用于改善人际关系和促进有效沟通的心理学技巧。它基于以下几个原则。

1）倾听：倾听是有效沟通的关键。通过倾听对方的观点、感受和需求，可以建立更好的理解和共鸣。

2）表达：清晰、准确地表达自己的想法和感受是沟通的重要组成部分。使用明确的语言和非攻击性的表达方式，可以避免误解和冲突。

3）尊重：尊重他人的观点和感受是建立良好关系的基础。尊重包括尊重对方的个人空间、时间和意见。

4）反馈：给予积极的反馈可以增强沟通的效果。通过肯定对方的贡献和努力，可以建立更积极的关系。

5）解决冲突：冲突是难免的，但可以通过有效的沟通来解决。使用合作解决问题的方法，如寻求共同利益和妥协，可以帮助双方达成共识。

#### 2. 沟通鸡尾酒的步骤

沟通鸡尾酒的技巧可以通过以下步骤实施：

1）确定目标：明确你想要实现的目标，例如改善与某人的关系或解决一个问题。

2）选择合适的时间和地点：选择一个合适的地方，确保双方都有足够的时间和精力进行交流。

3）倾听和表达：倾听对方的观点和感受，然后以尊重和准确的方式表达自己的观点和感受。

4）给予反馈：在对方表达完毕后，给予积极的反馈，肯定对方的贡献和努力。

5）解决冲突：如果存在冲突，使用合作解决问题的方法，寻求共同利益和妥协。

6）总结和行动计划：在交流结束后总结讨论的结果，并制定一个行动计划来实施。

通过使用沟通鸡尾酒的技巧，你可以改善人际关系，提高沟通效果，并更好地理解他人的需求和观点。

## 习　　题

一、选择题

1. 汽车开发过程中，（　　）环节是确定项目范围、品质、成本、时间目标的首要任务。

A. 项目管理的主要职能　　　　　　　　B. 目标的设定和管理

C. 有效的沟通和协调　　　　　　　　　D. 应用科学的管理信息系统工具

2. 在项目干系人管理中，以下（　　）是正确的做法。

A. 忽视利益相关者的需求，只关注项目的目标和约束条件

B. 过多地关注细节和琐事而忽略了项目的大局和战略目标

C. 积极与项目干系人进行沟通，了解他们的需求和期望，并妥善处理他们的关切

D. 着重关注项目进度和预算，而忽视项目质量和范围

3. 在矩阵式管理之下，项目经理应该（　　）来取得项目所需的人力资源。

A. 指令职能部门经理提供所需的人力资源

B. 从执行组织外部招聘尽可能多的人力资源

C. 直接向职能部门中的员工发出加入项目团队的邀请信

D. 与职能部门经理就所需人力资源进行谈判

4. 在项目环境中，冲突是不可避免的，会因各种原因而产生，其常见的来源包括（　　）。

A. 成员个性、资源稀缺、进度优先级排序

B. 进度优先级排序、资源稀缺、成员个性

C. 资源稀缺、进度优先级排序、成员个性

D. 资源稀缺、进度优先级排序、个人工作风格

5. 两名项目团队成员一直对产品设计意见不一致，即使经过多次尝试，项目经理仍无法解决这个问题，项目现在落后于进度计划。项目经理应使用（　　）方式来立即解决这个问题。

A. 缓和/包容　　　　B. 妥协/调解　　　　C. 撤退/回避　　　　D. 强迫/命令

6. 职能部门经理做出的一项决策对项目产生负面影响，项目经理首先应该（　　）。

A. 与职能经理交谈，让他们了解他们决策的影响

B. 让公司高管参与确定职能经理决策的影响

C. 向职能经理提供其决策产生的问题清单

D. 咨询其他经理，看看他们是否也曾与该职能经理发生同样的问题

7. 客户对某个可交付成果的变更感到惊讶。项目经理解释说，这一变更是通过电子邮件沟

通的，客户有可能还没有阅读电子邮件。项目经理事先应该（　　　）。

    A. 确保已完成沟通循环，并要求客户确认已收到信息

    B. 发送一封跟进电子邮件以确定客户是否阅读了第一封电子邮件，并获得已阅读确认

    C. 给客户打电话（而不是通过电子邮件）告诉客户所有详细信息，并要求他们发送确认信

    D. 制定沟通管理计划

    8. 项目经理正在收集正式的项目需求。在进行相关方访谈后，项目经理意识到有些目标与项目章程中的目标不一致。根据在启动阶段获得的信息，必须高度关注该项目，以保持符合预算限制。若要管理需求并满足相关方的期望，项目经理应该（　　　）。

    A. 将相关方的期望与项目章程中的目标调整一致

    B. 扩展项目章程以包含新识别到的目标

    C. 删除项目章程中与相关方目标不一致的目标

    D. 忽视可能超出项目章程中详述的范围的相关方目标

    9.（多选）车型项目管理看板中，一般需要展示（　　　）。

    A. 车型项目介绍　　　　　　　　　　B. 车型项目大日程

    C. 车型项目周 / 月报　　　　　　　　D. 车型专项课题说明

    10. 在项目经理进行谈判时，非语言形式的沟通技能（　　　）。

    A. 起很小作用　　　　　　　　　　　B. 起重要作用

    C. 在涉及成本及进度目标时，才起重要作用

    D. 仅就确保你在谈判中胜出起到重要作用

二、思考题

    1. 汽车开发过程中如何设定合理的销量目标？

    2. 在项目生命周期中，干系人的参与程度可分为哪几个？

    3. 一般情况下，由谁负责干系人参与管理？

    4. 某项目在进行到大概一半的时候，某客户反映说某些信息被泄露。哪个过程最可能导致这个问题的出现？

    5. 组织架构有哪些类型？

三、案例分析

    1. 如何调动员工的积极性，一直是 A 公司项目经理李华努力钻研的问题。

    李华深信，激发个体潜力的关键在于适度增加其责任。当团队成员情绪良好时，领导应该给予积极肯定，同时鼓励他们不断拓展自己的能力；在成员心情愉快的时候，项目经理可以提供更多挑战性的任务，以激发他们的进取心；而在成员感到沮丧或失落时，项目经理则应该避免让他们感到过于尴尬。项目经理不应该在成员因失败而情绪低落时雪上加霜，这样做可能会严重伤害他们的积极性，导致他们丧失进取心。李华还认为，项目经理如果能够有效调动团队成员的积极性，将显著提升整个团队的绩效。要确保团队正常高效运作，必须全面调动成员的积极性。项目经理可以完成多个人的工作，但项目经理不可能代替多个人的作用。项目经理应该激励团队成员，激励副手，进而激励部下，通过逐层激励，引发团队成员的巨大工作热情。李华认为，项目经理应该善于倾听意见，这是调动员工积极性的关键。一家普通公司和一家卓越公司的区别在于领导是否善于倾听员工的意见。作为项目经理，最令人满意的事情是看到那些曾被认为中等或平庸的人受到认可，感受到自己的观点被采纳并发挥作用。最有效地激励员

工的方式是让他们理解领导的行动，使他们每个人都成为整个团队的一部分。

问题1：你如何看待李华的做法？

问题2：请从项目团队建设和人力资源管理的角度，结合你本人的实际项目经验，说出从中你有何感悟。

问题3：你通过这个案例，对人力资源管理有哪些更深的理解？

2.零件制造工厂的负责人小李最近遇到了一个棘手的问题。他们工厂最近生产的一个零件订单在交货前出现了问题。

首先是客户反馈说，零件的尺寸与图纸要求不一致，不接受这个零件的变更。然后，订单负责人表示，这些零件并没有满足他的关键要求，他对这个订单的结果非常不满意，要求全部返工。

为了满足这些要求，工厂不得不进行返工、增加成本，并且延期交货。这些举措不仅增加了生产成本，而且给工厂带来了不小的压力。最终，这个订单给工厂带来了亏损。

项目经理小李因为什么原因导致项目交付时出现了各方面的问题呢？

## 拓展阅读：某汽车公司研究院的组织架构

### 1. 部门划分

某汽车公司研究院的部门划分主要包括四个方面：车型开发部、技术开发部、市场研究部和质量管理部。车型开发部主要负责新车型的研发和设计，包括外观、内饰、动力系统等方面的工作；技术开发部则负责研究新技术、新材料和新工艺，为车型开发提供技术支持；市场研究部则负责对市场需求和竞争情况进行调研，为车型开发提供市场分析和战略规划；质量管理部则负责对产品质量进行监督和管理，确保产品符合国家标准和客户需求。

### 2. 职能划分

某汽车公司研究院的职能划分主要包括三个方面：设计开发、试验验证和项目管理。设计开发是某汽车公司研究院最核心的职能，包括产品设计、工程设计和制造工艺设计等方面的工作；试验验证则是确保产品质量的重要环节，包括车辆试验、材料试验和环境试验等方面的工作；项目管理则是协调各个部门之间的工作，确保项目进度和质量。

### 3. 团队构成

某汽车公司研究院的团队构成主要包括三类人才：工程师、设计师和市场分析师。工程师负责产品研发和技术开发等方面的工作；设计师则负责产品设计和制造工艺设计等方面的工作；市场分析师则负责市场调研和战略规划等方面的工作。

### 4. 创新机制

某汽车公司研究院的创新机制主要包括两个方面：技术创新和人才培养。技术创新是某汽车公司研究院的核心竞争力，他们不断探索新技术、新材料和新工艺，为某汽车公司集团的发展提供技术支持；人才培养则是某汽车公司研究院的首要任务，通过内部培养、外部交流和人才引进等方式，不断提高员工的技能和素质，为某汽车公司研究院的发展提供人才保障。

汽车开发整个流程中，规定了各个里程碑要完成的工作任务，以及要达到的质量要求、进度要求和成本要求，因此质量管理、成本管理、进度管理是汽车开发管理的主要内容，直接关系到汽车开发的成败。本章介绍了项目管理基本理论，并介绍这些管理理论在汽车开发项目管理上的应用。

1. 了解汽车开发全生命周期项目质量管理。
2. 了解汽车开发全生命产品力管理。
3. 了解汽车开发全生命周期成本管理与收益管理。
4. 了解汽车开发项目进度管理。

## 4.1 汽车开发项目质量管理

—— 案例 ——

某公司完成了一个汽车中型改款项目，公司总经理王总召开了一个由该项目成员组成的总结会。会上，大家就项目质量的问题展开了一些讨论。王总说："质量是项目的基石，这个项目交付后，各位对质量有没有新的思考？"

作为刚进入社会的应届生，这是小李全程参与的第一个项目。听到王总的问题，小李站起来说道："正如王总所说，质量在一个项目中是至关重要的。对于客户来讲，质量代表着投资的效率；而对于公司来讲，质量是我们信誉的名片。所以我认为，质量是项目参与人员最需要关注的，一定要按照规范，力求做到最好。"

王总笑而不语，又对大家说道："那大家对于提高质量有什么想法？"

何工是有 8 年行业经验的老工程师，在这个项目中，他担任结构工程师这一岗位。何工发言道："以我的经验来看，要提高质量，做好文档化是一个很重要的事情，要把数据转换成直观的报告，更方便找出问题进行优化。"

**思考：**

应该如何理解王总口中所说的"项目质量"？除了何工的建议外，你还能想到哪些提高项目质量的方法？

### 4.1.1 项目质量管理概述

国际标准化组织（International Organization for Standardization，ISO）对质量的定义是反映实体满足主体明确和隐含需求的能力的特性总和。国家标准（GB/T 19000—2016）对质量的定义为一组固有特性满足要求的程度。质量通常是指产品的质量，广义的质量定义还包括工作过程的质量。在项目运行过程中，质量管理过程不是独立的，其与进度、成本和范围管理既相互影响，又相互制约。

项目质量管理体系是组织内部建立的，由资源、过程、组织结构和程序共同组合，来实现某个特定质量目标的系统性的质量管理模式。被人们所熟知的是 ISO 9000 系列标准，该系列标准可以适应类型不同、产品各异、规模不同、性质相异的各种组织。其中，《质量管理体系——汽车行业生产件与相关服务件的组织实施 ISO 9001:2008 的特殊要求》，即 ISO/TS 16949，是于2002 年 3 月由 ISO 公布的一项汽车行业的质量体系要求。质量管理体系八大原则如下：

1）以顾客为关注焦点：组织依存于其顾客，因此组织应理解顾客当前和未来的需求，满足顾客并争取超越顾客期望。

2）领导作用：领导者确立本组织统一的宗旨和方向，他们应该创造并保持使员工能充分参与实现组织目标的内部环境。

3）全员参与：各级人员是组织之本，只有他们的充分参与，才能使他们的才干为组织获益。

4）过程方法：将相关的活动和资源作为过程进行管理，可以更高效地得到期望的结果。

5）管理的系统方法：识别、理解和管理作为体系的相互关联的过程，有助于组织实现其目标的效率和有效性。

6）持续改进：组织总体业绩的持续改进应是组织的一个永恒的目标。

7）基于事实的决策方法：有效决策是建立在数据和信息分析基础上的。

8）互利的供方关系：组织与其供方是相互依存的，互利的关系可增强双方创造价值的能力。

项目质量管理过程通过规划质量管理、管理质量、控制质量三大流程及连续的过程改进活动实施来实现质量管理系统。

### 4.1.2 规划质量管理

规划质量管理通过识别项目及其可交付成果的质量要求和标准，书面描述项目将如何证明符合这些质量要求和标准，将质量管理计划、质量测量指标以及更新相关项目文件作为结果输出。本过程旨在为整个项目期间如何管理和核实质量提供指南和方向。

在制定汽车开发项目质量目标时，企业需要考虑多个因素，包括法律法规、消费者需求、市场竞争、技术可行性等。车辆质量目标可以分解为以下几大方向。

1）安全性目标：安全性是车辆质量的首要要求，汽车制造企业应确保车辆在各种情况下都能提供足够的安全保障。安全性目标可以包括安全气囊的有效性、碰撞安全性能、防滚设施、制动系统可靠性等。

2）可靠性目标：指车辆在使用过程中连续运行的能力。可靠性目标包括发动机的耐久性、传动系统的可靠性、底盘的可靠性等。汽车制造企业需要通过材料、工艺等方面的优化，提高车辆的可靠性。

3）耐久性目标：指车辆在正常使用条件下的使用寿命。耐久性目标包括发动机寿命、变速器寿命、悬架系统寿命等。车辆制造企业需要通过优化设计和制造工艺，提高车辆的耐久性。

4）性能目标：指车辆在动力、燃油经济性、操控性等方面的要求。性能目标包括加速性能、油耗、制动性能、转向灵活性等。汽车制造企业需要通过引入新的材料、技术和工艺，提高车辆的性能。

先期产品质量策划（Advanced Product Quality Planning，APQP）由美国著名的三大汽车公司（通用、福特、克莱斯勒）提出，以促进汽车及零部件产品开发的先期质量策划的标准化而建立。先期产品质量策划按照项目管理的理论，将汽车及零部件产品的开发生命周期依次分为五个阶段：概念提出 / 批准、项目批准、样件、试生产和投产，同时把汽车及零部件开发的项目管理过程分为五个相关步骤：策划、产品设计和开发、过程设计和开发、产品和过程确认、反馈评定和纠正措施，如图 4-1 所示。

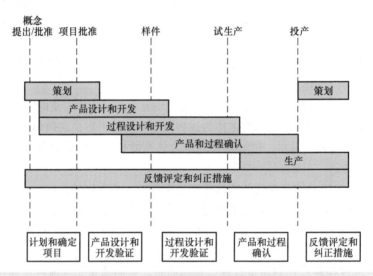

图 4-1　先期产品质量策划过程

先期产品质量策划从客户的需求与期望出发，在项目早期采用结构化的手段制定质量目标、质量管理计划以及质量测量指标，它在 20 世纪末就逐步成为全球各个汽车和汽车零部件企业生产研发最新项目产品的规范指导性文件。

### 4.1.3　管理质量

管理质量的流程有时也被称为执行质量保证。管理质量是将组织的质量政策在项目中具体实施的过程，并将质量管理计划转变为可操作的质量活动。其目的是提高实现质量目标的可能性、识别无效过程以及识别导致质量低劣的原因。

质量保证可以分为内部质量保证和外部质量保证。内部质量保证旨在确保单位领导对本单位产品或服务的质量满足规定要求具有信心。这一过程包括对已建立的质量体系进行评估、审核，并对质量绩效进行评估。而外部质量保证旨在使需求方相信供方的产品或服务质量符合规定要求。在外部质量保证活动中，首要步骤是将需求方对质量体系的具体要求明确写入合同，并紧接着对供方的质量体系进行全面评价和审核。

管理质量过程可以运用"质量门"的方法，通过对项目各阶段的可交付成果进行分别确认，以便能够及时有效地发现问题，找出问题的责任人与问题的责任区域，并及时采取对策。当项目进行到某个阶段尾声时，对该阶段的工作和可交付成果进行总结和评估，判断该阶段工作和可交付成果的实现情况，明确裁定该阶段是否可以完成并确定是否可以进入下一阶段。"质量门"的结果为绿时，表示"通过"；结果为黄时，表示"有条件通过"；结果为红时，表示"禁止通过"。在汽车开发项目流程中，主要存在预研、可研、概念设计、详细设计、设计验证、生产准备、批量生产几大阶段，每个阶段收尾时都会组织相关人员进行相应的评审，将质量规划阶段设定的质量标准及目标与实际达成结果进行对照，输出评审报告以及质量报告，并判断能否启动下一阶段工作或是否需要调整工作内容。质量报告的主要内容包括：

1）质量目标和标准：产品或服务的质量标准和达成的质量目标。

2）质量活动概况：记录实施的质量管理活动等。

3）质量测量和度量指标：描述用于衡量质量的指标、方法和结果。

4）问题和改进：记录发现的问题、缺陷、改进机会以及已经实施的改进措施。

5）质量趋势分析：分析质量数据的趋势，识别重复出现的问题或持续改进的机会。

6）质量验收和认可：描述产品或服务的验收情况以及客户或相关方的认可情况。

7）风险和遵从性：记录质量管理方面的风险，并确保组织符合相关的法规和标准。

潜在失效模式分析（Failure Mode and Effects Analysis，FMEA）是在产品开发过程中，对构成产品的子系统、零件，以及对构成过程的各个工序进行逐一分析，找出所有潜在失效模式，分析其可能后果，从而预先采取必要措施的系统性方法。20 世纪 50 年代，美国首先将 FMEA 应用在军事领域进行信息系统的设计分析，后来又扩展到航天工业。进入 20 世纪 70 年代，FMEA 开始用于民营企业。20 世纪 70 年代后期，FMEA 被美国汽车工业界所引用，作为设计开发的一种预防性的质量工具。1977 年，福特公司作为最早实施 FMEA 技术的公司之一，将 FMEA 技术操作标准写入其操作手册中。这套作业标准不仅适用于福特公司内部，还适用于福特公司供应商，福特公司规定其所有供应商都必须对其供应给福特公司的零部件进行 FMEA 分析。通过分析可能的失效模式，评估其严重性、频率和检测能力，可以制定相应的预防和纠正措施，以减少质量问题的发生和影响，提升可靠性。FMEA 的主要步骤如下：

1）定义分析对象，确定要进行 FMEA 的系统、子系统或组件。

2）列出所有可能的失效模式。

3）评估失效的严重性。

4）识别失效的原因。

5）评估失效的可能性。

6）制定风险控制措施。

7）实施风险控制措施。

例如：一个运用 FMEA 工具针对冲压件制造工艺过程中的冲孔环节进行分析所得到的失效树案例如图 4-2 所示。

### 4.1.4 控制质量

控制质量过程通过监督和记录质量管理活动的执行结果，以评估绩效并确保项目输出的完整性、正确性和满足客户期望。控制质量侧重于验证交付成果，确认其符合质量要求，重点在于结果检查；执行阶段管理则更侧重于过程控制，在可交付成果未提交或未完整提交的生产过程中，检查质量保证过程是否正确实施，以符合质量规划的要求。

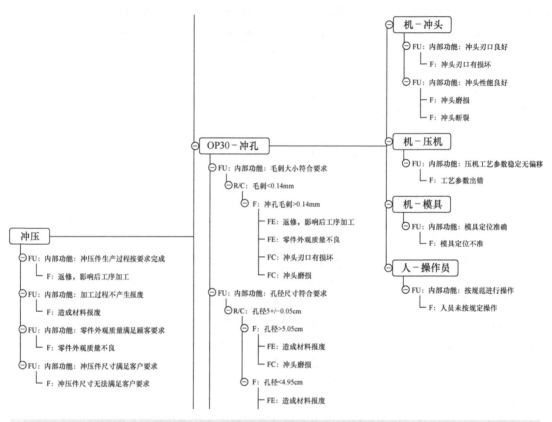

图 4-2 运用 FMEA 工具建立冲孔工艺失效树

统计控制过程（Statistic Process Control，SPC）是一种借助数理统计方法的过程控制工具。其对生产过程进行分析评价，根据反馈信息及时发现系统性因素出现的征兆，并采取措施消除其影响，使过程维持在仅受随机性因素影响的受控状态，以达到控制质量的目的。质量控制图制作原理是利用数理统计方法进行绘图，由此判断制造生产过程中的工序是否处于稳定状态。制定数据收集计划，将其作为收集、记录及描图的依据。控制图可分为计量型数据及计数型数据，如图 4-3 所示。计量型数据是以重量、时间、含量、长度等可以测量而得来的数据。计数型数据是以合格数、缺点数等使用点数计算而得的数据。控制图的判断标准有很多种，现有文献公认的判断标准主要有：当一个点远离中心线超过 3 个标准差即为异常；当连续的 7 个点都在中心线的一侧或是连续 6 个点处于上升或是下降可判断为异常波动；当连续 14 个点处于交替上升或下降变化则是异常表现等。

图 4-4 所示为对某汽车涂装厂发动机盖的油漆膜厚采用 SPC 工具得到的控制图。图中记录了该涂装厂 2 个月的生产数据。可以看出，在 2 个月 33 次测量过程中，有 10 次发动机盖厚度数据波动超过上下限，这样的过程参数，显现出生产过程是非常不稳定的，生产质量将无法得到保证。

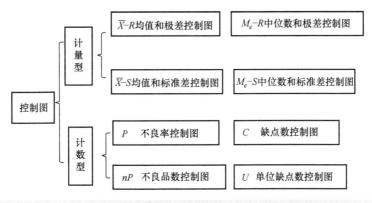

图 4-3 控制图分类

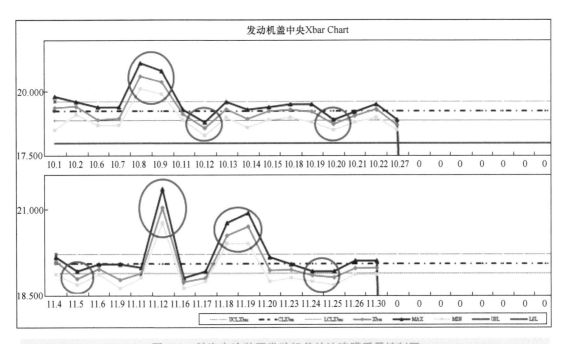

图 4-4 某汽车涂装厂发动机盖的油漆膜质量控制图

测量系统分析（Measurement System Analysis，MSA）是对由人、设备、产品组成的测量系统进行研究，通过分析测量系统的状态，来衡量运用该测量系统所得到的测量值是否准确。测量系统分析主要通过研究设备的分辨率、误差和人的测量偏差来进行分析，通过分析测量系统的线性、偏倚、稳定性以及重复性和再现性来判断该系统是否可靠。

### 4.1.5 全生命周期质量管理

—— 案例 ——

2015 年 7 月 16 日，S 公司向国家质检总局备案了召回计划，将自 2015 年 10 月 1 日起，召回部分进口 2009 年至 2012 年款 B 汽车，生产日期为 2008 年 8 月 15 日至 2012 年 2 月 1 日。

据该公司统计，在中国大陆地区共涉及23309辆。本次召回范围内的车辆，在长期使用后，后举升门气压撑杆内可能有杂质颗粒进入，导致气压下降。由于后举升门的保护程序不够完善，在某些极端情况下，气压撑杆不足以将后举升门维持在全开状态，若人员忽视或未注意到车辆的报警提示，并在后举升门开启区域内停留，会增加人员受伤风险，存在安全隐患。S公司将为召回范围内的车辆采取对后举升门的保护程序进行升级并检修后举升门气压撑杆的措施，以消除该隐患。

汽车质量管理广义上包括企划、开发设计、生产制造、销售服务的全过程，本节重点介绍汽车开发过程中的质量管理。

质量实现的过程常通过质量策划、质量实施、确认、持续改进，参照PDCA循环开展。

对于整车质量来说，可以在开发过程中进行分解，主要分为以下内容：

1）设计质量：法规要求、VTS（整车性能指标）、VIR/TIR等。

2）零部件质量：合格率、故障率等。

3）过程质量：白车身精度、焊接强度、阶段问题封闭率等。

4）整车质量：整车AUDIT、BIT、TIR（问题封闭率）。

下面结合每一个开发阶段来介绍汽车产品开发的质量策划、分解、实施、校核及持续改进。

### 1. 质量目标设定

质量目标在设定时需要考虑的因素有：

1）了解市场及竞品的情况，同时也了解行业的标杆和平均水平。

2）了解企业的质量理念、目标、策略等内容，结合企业可以实现的能力。

3）了解用户的需求期望，考虑客户和相关方的关系。

4）质量目标与员工个人目标的协调。

5）员工参与目标制定的过程。

6）质量目标是可测量的。

综合考虑外部市场情况及企业自身目标和能力等信息，以便设定一个成功的且可实现的质量目标。

汽车在开发阶段设定的质量目标主要包括整车质量目标、零部件质量目标，包括可靠性指标、耐久性、维修保养等。

市场上还有通用的评估汽车质量的目标，如客户满意度、J.D.Power IQS等。随着汽车行业的不断发展，这些评估目标也会发展变化。

### 2. 质量目标分解

质量管理是团队性的活动，目标实现需要团队分工合作，因此企业各职能机构应按照工作职责承担相应的任务。

质量目标分解的方式常见有两种：按职能分解、按目标实现的过程分解。

在汽车整车质量目标确定后，需要将其分解到各个可执行的系统和零部件上，如分解至汽车各系统（动力系统、底盘系统、车身系统、电气系统、智能网联系统等）、分解至零部件（如变速器、动力电池等）。

针对分解至零部件的质量目标，需要综合考虑设计方案、材料选择、加工工艺等方面，进行方案改进，以确保目标可以达成。在质量目标设定之后，从概念设计、详细设计一直到量产阶段，都需要对质量目标的达成进行管理。在汽车开发过程中，由于法律法规和行业标准的升级、开发内容的变化、设计方案的调整或需求方提出更高的质量要求等，都会导致原设定的目标不再符合实际情况，应结合开发的实际情况进行动态调整。

### 3. 质量目标的过程管理

在汽车开发过程中仅对质量结果进行目标管理，是对目标管理的误解。全面的质量管理是时刻对目标实现的措施进行过程检查，评估达成目标是否存在风险，并对整个过程中发现的问题及时制定对策并进行补救挽回，这才能真正意义上实现质量的管理。

### 4. 整车质量策划

整车质量策划一般按照 5 个步骤进行开展。

1）改善问题收集：在汽车开发的早期，通过收集过往开发产品的问题，包括研发、生产制造、市场等问题作为目标实现的改善项，原则有：

① 筛选基础车型：从问题库中筛选和开发车型同源或相近系列车型的问题。

② 筛选问题的状态：在已筛选内容中进一步筛选未有对策的问题。

③ 生成质量改善列表。

在筛选过往开发经验的同时，可以通过竞品分析、市场调研、网络大数据信息等途径，收集新开发车型项目质量待改善内容。

2）改善内容的确定：将质量改善目标进行量化评分并排序，选取排名靠前的问题作为重点改善的课题。

3）编制质量改善表：确定零部件变更列表及变更方案，并形成清单，确定质量措施引起的变更零部件列表。

4）确定试验参与度：将质量改进的措施与相关的研发流程关联，形成管控方案。一般采用矩阵式进行评估，从质量特性与试验的相关程度、试验复杂性、试验中立性等方面进行评估。

5）确定相关方参与度：围绕用户开展相关的质量改进措施，制定对策。

在整车质量策划中，会进一步进行系统质量策划、零部件质量策划，将质量的具体管理措施细化至零部件级，才能实现整车质量策划及目标的达成。

### 5. 质量管理工具

汽车开发过程是一个极其复杂的过程，涉及上百个系统、几千个零部件的开发。为保证质量的检查流程在运行中能得以实现，汽车产品开发的每一个环节都有相应的质量管理工具以保证实施。一是保证流程的输入输出全面性和充分性，二是通过工具可以在质量管理的过程或结果中形成记录，从而进行追溯。

常见的质量管理工具有：

1）质量管理工具：风险评估、风险对策措施等。

2）质量策划工具：质量分级评估、供应商质量要求等。

3）质量检查工具：各类评价标准要求，如外购零部件评分等。

4）质量纠正工具：故障树分析（FTA）、质量帕累托分析等。

5）预防性设计工具：失效模式及后果分析（FMEA）、波卡纠偏等。

6）其他质量管理工具：QC 管理工具等。

**6. 质量问题管理**

在汽车从企划、设计、制造到量产上市的过程中会发现许多问题，本书介绍 2 种质量问题管理的方法，以便了解其在实际汽车开发中的应用。

1）质量问题分级分类：一般按照问题的严重程度、整改风险、管理决策、原因属性等进行分类。以 A 车企为例，质量问题分类依据见表 4-1。

表 4-1　某企业质量问题分类依据

| 质量问题等级 | 判断依据 |
| --- | --- |
| A | 直接影响车辆正常运作。不合格发生前，驾驶员 / 乘员无法预见，且难以采取措施防止事故发生，如不能停车、不能正常转弯<br>直接或间接造成人身伤害、事故或发生火灾<br>不符合国家强制性标准法规要求，如道路运输、产品安全性、环保法规 |
| B | 属于 A 级以外的情况，该不合格会对车辆使用安全构成影响。不合格发生前，驾驶员 / 乘员可预见或采取措施防止事故发生。在正常使用状态下由于产品的不合格可能导致下列现象之一<br>不能正常运作但不影响车辆的正常行驶<br>有不合格，但不会造成人身伤害、事故或发生火灾<br>对生产、整车造成一定影响 |
| C | 除 A、B 级以外的，不影响正常行驶与控制，有可能会引起少量顾客投诉的不合格 |

2）问题反溯和经验积累：在产品开发的过程中以典型问题、成功案例进行深入分析，总结和反思问题产生的原因，并制定永久的改善措施，避免重复出现类似问题。企业中常通过形成标准化的管理方式（流程、体系、方法、工具等）得以实现。

**7. 生产过程的质量控制**

在汽车从设计到量产阶段，结合汽车开发的内容，通过 ET、PT 等试验车验证，最终将产品导入到批量生产的产线，实现批量化生产。在批量化的汽车生产中常见的控制方式有：

1）对作业方法进行管理。对作业的工序要求进行标准规范，并对作业人员进行培训。

2）对关键的工艺、工序进行管理。对关键工序、工艺的设备参数，作业人员的技能要求，环境条件进行特殊管理等。

3）对加工设备进行管理。定期对设备进行检查维护，以确保设备正常运行。

4）定期对产品进行检查。采取适合的检查方式开展对零部件、过程产品、完工产品的抽检、全检，或对产品实现的工艺进行检查，及时发现问题进行纠正。对于重要的零部件，会采取一些方法实现这些零部件可追溯。

**8. 产品交付后的质量管理**

汽车完成生产制造交付到用户使用，并不代表产品的质量管理结束。在产品使用的过程中，企业应时刻了解产品在用户使用时的问题、抱怨等信息，以便采取合适的措施，并对未来的产品进行改进，不断提升用户的满意度。在产品交付用户后一般会开展下述工作：

1）提供用户使用手册、维修手册。用户了解并正确使用产品时，才能很好地避免由于信息差造成的用户抱怨。

2）组织新车质量调研，了解用户使用的真实情况，并针对问题制定改善方案。

3）及时对用户的抱怨、投诉进行回应和处理。对于必须进行市场活动措施的问题，邀约用户到店进行零部件更换，或者进行软件升级，或者通过OTA形式进行软件的远程更新。

4）当出现严重的市场质量问题时，可能会停止生产，并召回问题产品。

5）对市场的质量问题进行分析，并对未来的产品进行改善。

6）用户关系维护，不断提升用户的满意度。

## 4.1.6 汽车全生命周期产品力管理

—— 案例

A车型为提升整车智能化产品力水平，通过复用DMS摄像头开发了"抽烟通风"功能，工作逻辑为：当系统监测到驾驶员将香烟状物品靠近口部时，车辆就会自动下降车窗，打开天窗，甚至使空调打开外循环并释放负离子。

但实际体验常出现天气不佳也开窗，用户无法打断开窗动作执行，摸鼻子、喝饮料也被误认为是抽烟，继而出现"事与愿违"的尴尬情景。市场用户调研显示，该功能常闭状态为90%，满意度低下，用户反馈实际体验不够智能、误报率高、未能结合场景进行识别区分、一上车就关闭此功能，亮点开发最终成为"槽点"，车企费力不讨好。

经过事后总结分析，由于该车型在设计验证阶段未执行产品力管理流程管控，在生产准备阶段直接搭车上线，出现验证周期不足、场景验证不充分、用户参与度不足等问题，最终耗费巨大的开发代价却未能收获消费者认可。

### 1. 产品力管理概述

产品力是指产品对目标客户产生的吸引力，即通过满足客户需求，激发客户购买欲望的能力。它是产品在市场中的重要竞争力，也是企业实现可持续发展的重要保障。

随着汽车行业向电动化、智能化、网联化、共享化的"新四化"方向发展，传统汽车产品力概念已经难以适应市场的变化。为了在竞争中获得优势，企业需要重新审视和打造产品力，以适应新的行业趋势。产品开发的最终受众是用户，企业可以通过关注用户需求并及时调整产品策略，提供符合消费者期望的产品和服务，提高用户满意度和忠诚度。

以用户为中心打造产品竞争力是一个持续的过程，需要不断地与用户互动、理解用户需求，并通过设计、测试和改进来提供优质的用户体验。只有真正关注用户的需求和体验，与用户共创产品，才能打造出受用户喜爱的产品。

### 2. 产品力管理流程

构建以用户共创为中心的产品力管理流程如图4-5所示。

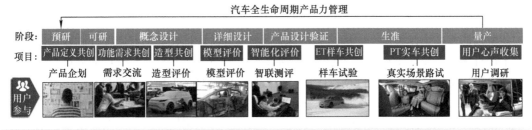

图4-5 以用户共创为中心的产品力管理流程

（1）产品企划阶段

以用户为中心的产品力管理措施需要在产品企划阶段就开始实施，通过市场调研、竞品分析和用户反馈等途径，深入了解用户的需求和期望，确定产品的目标市场、定位和核心功能。通过收集和分析用户数据，建立用户画像，将用户的需求和偏好转化为具体的产品特点和功能配置。最终根据用户需求、市场趋势和竞争环境等因素，制订产品的策略和规划，形成商品企划书，确保产品具有差异化和竞争力，如图4-6所示。企划阶段的用户共创可分为产品定义共创与功能需求共创两个阶段，前一阶段制定产品研发的关键方向，如造型体量、整车技术平台选型、电子电器架构、差异化亮点功能等；后一阶段策划对产品体验影响较大的重要功能、配置和参数，如外观内饰效果图、智能驾驶等级、车内屏幕规格与布置方式、续驶里程等。

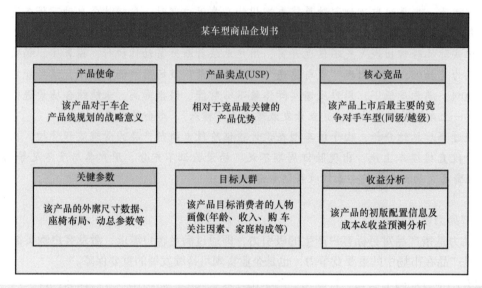

**图4-6 某车型商品企划研究**

（2）概念设计阶段

在汽车产品概念设计阶段，以用户为中心的产品力管理措施需要重点关注总体架构设定、造型设计、功能体验设计，此阶段的重点共创业务为造型共创。可以根据商品企划书中的用户画像招募目标人群开展座谈交流及造型评审，评审物为效果图、油泥模型或VR数据，如图4-7所示。除造型以外，此阶段产品力打造的另外两项重点工作为构筑DCS（Design Concept Sheet）需求清单与建立配置阶梯。此阶段通过开展共创活动，将用户观点转为具体的体验需求，通过造型需求、DCS需求、配置需求等方式输入项目组进行优化改进，提升产品颜值、功能配置维度的竞争力。

（3）详细设计阶段

此阶段的重要工作为模型评价，主要围绕概念设计阶段优化后的实物样件和座舱模型等设计方案进行评审，如图4-8所示。这个阶段需要明确内外造型主题，发布C面数据，可以邀请目标用户对实物样件、座舱模型进行评价和参与竞品体验对标工作，以便判断目前的设计方案相比于竞品是否具有显著竞争优势。该阶段的目标是确认产品企划的外观、空间、便利性等商品性目标是否达成，保证概念设计的合理性和有效性，并根据用户反馈及商品性验收结果指导下一步工程样车的启动决议。

图4-7　油泥模型评审现场图

图4-8　造型主题评审现场图

（4）设计验证阶段

该阶段主要围绕汽车智能化表现及样车展开评审验证。智能化的发展不能只局限于硬件的堆叠，硬件规格不再是智能体验感的标准答案，该阶段的产品力管控往往容易陷入重硬件、轻体验、弱安全的怪圈。因此，从用车场景出发深层挖掘用户习惯，提供满足用户需求的功能体验，是确保产品智能化水平具备市场竞争力的关键手段。智能化体验评价基于场景-旅程-触点-指标思维，按照8大领域逐项进行体验测评，对标行业平均水平与卓越水平形成智能化体验提升项目清单，后续阶段对清单进行闭环跟踪管理。具体示例如图4-9所示。

| | 超声波传感器 | 毫米波雷达 | 摄像头 | 激光雷达 |
|---|---|---|---|---|
| 原理 | 基于声波的传播方法，根据发射和接收的时间差来测得前方障碍物的位置和距离 | 通过将毫米波发射出去，然后接收回波，根据发射和接收的时间差来测得前方障碍物的位置和距离 | 镜头采集图像，再由内部感光部件等将图像处理为数字信号，从而达到感知周边物体和行人的目的 | 向被测物体发射激光束，将接收到的回波与发射信号进行比较，适当处理后，获得被测物体有关信息 |
| 成本 | 低 | 低 | 多目略高 | 很高 |
| 有效探测距离 | 小于5m | 可达200m | 可达200m | 可达200m |
| 探测角度 | 120° | 小于90° | 可达120° | 最高360° |
| 精度 | 一般 | 良 | 良（多目较优） | 优 |
| 优点 | 成本低、体积小 | 体积小、距离远、不受天气和夜间影响 | 成本适中，能够准确识别障碍物 | 精度高，探测角度广 |
| 缺点 | 无法对中远距离物体进行测量 | 角度分辨能力较弱，无法辨识物体细节 | 受光照影响大，黑夜和强光下探测效果不佳 | 成本高，天气有干扰 |

图4-9　例：自动驾驶雷达 & 摄像头方案性能对比

（5）生产准备阶段

在汽车开发流程进入生产准备阶段（生准阶段）后，功能体验设计已基本冻结，产品力管控核心应重点关注试制车辆的质量可靠性及产品力校核。同时，该阶段的实物样车功能状态已具备较高的完整度，因此可以通过在上市前提前招募真实购车用户深度体验产品和竞品车辆，真实还原用车场景和全维度工况开展横向测评工作，这些措施有助于提高产品质量可靠性和用户体验，为车型上市后的成功打下坚实的基础，如图4-10所示。

（6）量产阶段

该阶段车辆已正式量产交付市场，产品力管理工作末端应做好及时总结和验收，通过自主开展上市后市场调研或第三方调研收集新车初期用车满意度，积累用户在用车过程存在的痛点及困惑，建立设计再发防止数据库，运用3D-PDCA"双循环模型"工作思路检讨问题改善方向，在车型年款、中改款进行立项对应，从而形成汽车开发全生命周期完整链路的产品力管理流程，如图 4-11 所示。

图 4-10　上市前对标体验活动

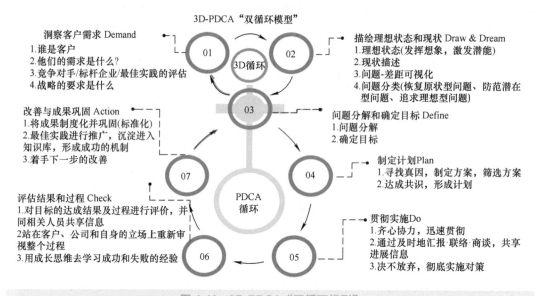

图 4-11　3D-PDCA"双循环模型"

### 4.1.7　实战经验与注意事项

某汽车公司开发新的车型，采用了多种质量管理方法，并采取了质量管理体系建设、绩效管理、风险升级管控、数字化体系支撑以及人员技能培训等有效的保证措施，使得新产品开发过程中的质量、进度、成本管理上都获得了显著的成效，为确保新开发产品顺利投放市场，并赢得市场的认可奠定了基础。

为了达成公司规划的新车型战略目标，首先对汽车品牌的产品诞生、设计开发、生产制造等过程的质量管控进行了风险识别。其中主要风险是开发周期压缩引起的产品单件质量育成周期短、单件质量批量一致性难以保证、整车匹配难度增加、整车质量育成增大难度、质量验证时间不充足、影响产品批量生产质量等，以及产能扩建引起的新生产场地、新人员经验不足、质量控制方法应用失效等。对识别出来的风险进行了深入分析，结合当前行业内的质量管理方法对存在潜在风险的汽车开发过程以及生产过程采取了应对措施。

通过平台化、模块化管理的应用可大大缩短产品的设计开发时间。由于借用成熟平台，提高了产品的可靠性，减少了验证需求，缩短了质量验证时间。通过同步工程工作的开展，在产品设计阶段就构建研发、采购、质量、供应商工作小组，将产品设计方案、工艺方案、生产制造方案一并讨论，这种并行的工作方式不仅节约了开发周期，还降低了后续设计变更风险，节约了成本，也降低了生准阶段后期因变更引起产品拖期的风险。

通过平台化问题的提前输入，弥补了经验积累不足的弊端，将以往车型项目，甚至是竞品车辆发生过的问题作为开发的前提，提前规避。

通过评审业务前移，在数据还未锁定的阶段就以客户的视角评估车辆质量，并且在开发流程的不同阶段都开展评价，相当于整个产品的质量从开发阶段开始至产品量产，都伴随用户的需求，保证产品质量不断完善和提升。

通过成熟度评价管理方法的应用，控制开发流程中每个关键节点的产品质量，最终按计划实现预设的质量目标，顺利量产。

## 4.2 汽车开发项目成本管理

—— 案例 ——

某车企在 2018 年初规划开发了一款经济性高、实用性强的 A 级轿车。前期规划的目标售价是 15 万元，整车成本是 10 万元，并进行了销售预测：上市后的前两年每月销量为 2 万台，5 年内总销量为 70 万台。公司领导根据公司中长期收益目标，在规划阶段召集各区域总监、技术专家制定了各个区域、子系统的成本目标和投资预算，项目经理组织签署了初期的成本和投资预算文件。随着项目的实施，项目的投资和成本逐渐超出预期。项目经理分析和总结原因：一是由于造型为达到新颖的效果，需要更高的成本和更高的投资去实现；二是因为销售提出新的配置需求，使部分区域超出分配的成本和投资。在项目进行至数据冻结阶段时，项目经理组织各区域对成本和预算进行梳理，发现整车成本增长至 12 万元。在项目切换至量产阶段时，项目经理对研发阶段的所有投资成本进行了核算，发现总的投资成本超出预算 500 万元。同时因电池原材料价格上涨，整车成本目标较最初规划的增加了 2.5 万元。

该车在 2020 年冬季上市，截至 2022 年末销量总计为 25 万台，与立项初期的销售目标差距较大，且由于整车成本升高，导致原定利润率降低。该车未能按公司规划的目标产生效益，公司领导将此项目定义为失败项目。

该案例涉及的成本管理内容有哪些？该公司的成本管理可以从哪些方面改进？

### 4.2.1 项目成本概念及主要管理过程

#### 1. 项目成本的概念

项目成本是为达成项目目标所耗资源的货币体现，包括项目全生命周期内资源的耗费。按项目生命周期划分，完整项目成本包括 4 部分：启动成本、规划成本、实施成本、完结成本。从财务角度划分，还可以将项目成本分为直接成本、间接成本。

在汽车新产品开发过程中，通常分为研发成本（开发费、测试费等）、制造成本（材料费、设备费等）、销售成本（营销推广成本、分销成本等）。在汽车制造公司中，还可将成本分为外作成本、内作成本、期间费用、各项税费。

（1）外作成本

外作成本即外购零部件和资材的成本，包括原材料、资材、材料、加工、包装、运输、管理费、利润、开发及设变等费用，如图 4-12 所示。

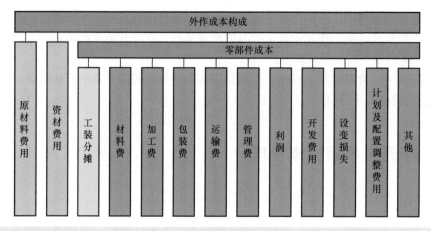

图 4-12 外作成本构成模型

（2）内作成本

内作成本指汽车产品在汽车生产商厂内各生产线加工生产的成本，包含人工费、设备费、制造部门管理费、作业费、能源费等。内作成本额大小与车企加工深度、产线布局、工艺完善度、产品复杂度等相关，产品应尽可能在产线工艺约束下设计，同时在满足产品性能的前提下尽量减少零件数量，简化零件结构，避免产线改造费用过高和生产人员投入增加。

（3）期间费用

企业生产经营过程中各部门都会产生费用：销售部门发生的费用计入销售费用；管理部门发生的费用计入管理费用；为筹集生产经营所需资金、因为财务收支发生的费用计入财务费用，如利息净支出、汇兑净损失、金融机构手续费等。销售费用、管理费用、财务费用统称期间费用。与生产成本不同，期间费用一般不能计入特定核算对象，主要通过一定的分摊方法计入各产品中，可通过搞好预算管理来控制。

（4）增值税、消费税及附加税、所得税

税费均按政府税收政策测算和缴纳。增值税是销项税。附加税包含城市维护建设税、城镇土地使用税、资源税和教育费附加等。乘用车消费税税率与发动机气缸容量相关，一般容量越大，税率越高。所得税指企业所得税。

### 2. 主要管理过程

成本管理过程贯穿五大过程组，主要过程包括规划、估算、预算制定、分析、控制、决算。在汽车产品开发项目中，成本管理主要分为两个阶段：一是从项目预研阶段到产品量产阶段；二是量产后的成本优化阶段。开发过程中各个阶段的成本管理主要过程见表 4-2。

表 4-2 成本管理主要过程

| 序号 | 开发阶段 | 成本管理过程简述 | 涉及领域 |
|---|---|---|---|
| 1 | 商品企划阶段 | 整车成本目标企划 | 销售/财务/设计等领域 |
| 2 | 可研企划阶段 | 确定整车成本目标、分解子系统目标 | 成本管理/设计/采购等领域 |
| 3 | 概念设计 | 达成成本目标方案策划 | 成本管理/设计/采购等领域 |
| 4 | 详细设计阶段/产品设计验证 | 成本目标达成方案推进及管控 | 成本管理/设计/采购等领域 |
| 5 | 生产准备阶段 | 成本达成效果确认及评价 | 成本管理 |
| 6 | 批量生产阶段 | 成本持续改善 | 成本管理/设计/采购等领域 |

成本管理的价值随着项目计划的实施时间动态变化，且成本节约的难度逐渐加大。在汽车产品生命周期中，随着时间的推进，会经历成长期、成熟期、衰退期，分别对应着开发设计阶段、量产阶段、后期销售服务阶段。通常在设计阶段 80% 的成本已基本定型，在后续阶段只有 20% 的改善空间。因此在研发阶段早期对汽车产品成本进行控制，是最行之有效的手段。项目成本、管控价值、节约可能性随时间的动态变化趋势如图 4-13 所示。

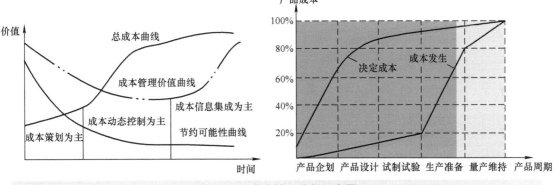

图 4-13 成本管理进程示意图

## 4.2.2 企划阶段的成本规划

规划成本管理发生在规划过程组中，该过程的主要成果是成本管理计划，主要用于确定和规范后续估算成本、项目预算制定、管理控制的过程，为项目生命周期内的成本管理活动提供指南。

在汽车新产品开发项目中，此过程在预研阶段进行，需根据企业的战略规划、平台规划、产品定位等开展，通常由市场部、销售公司、财务部、产品规划部、公司领导讨论分析共同确定。

制定成本规划时，可以采用专家判断法、成本分析法、成本估算法等，或采用多种方法相结合的方式进行成本规划。

### 4.2.3 可研阶段的成本估算

成本估算是对完成项目活动所需资源成本进行估算，可以为项目决策/评标定标/资金筹集提供依据，也可作为报价/定价的基础依据，为项目资源安排、进度计划制定提供参考依据。成本估算常用的方法有专家估算、类比法、基于 WBS 全面估算、三点估算法等。

对于汽车新产品开发，通常在可研阶段由相关责任部门或科室组织相关区域根据市场部规划的平台、母型车、初步产品配置开展成本估算，其中会涉及相关的研发投资、销量预测、产品定价、物料成本等多因素的综合考量。在此阶段中进行成本估算，可以明确为完成新产品开发，在技术方案、制造工艺、生产供应、公告认证、营销渠道及售后服务等领域的大致投入。财务根据成本估算，结合目标利润率、未来净现值，得出初步的产品目标成本。此阶段的成本估算为公司领导对项目立项或终止项目提供决策依据，所以要求成本估算具备一定合理性，且不得重复或遗漏内容。

在成本估算完成后，项目经理应将成本估算过程的依据、支持文件整理保留，作为估算成本的理论支持，如假设文件、估算依据文件、制约因素文件、风险说明文件、成本估算的可行度、准确性的说明和描述文件。

汽车产品开发项目成本估算科目见表 4-3。

**表 4-3　汽车产品开发项目成本估算科目**

| 类别 | 分类 | 科目名称 | 合计 |
|---|---|---|---|
| 研试费 | 直接开发费 | 零件费 | |
| | | 材料及辅材费 | |
| | | 能源费 | |
| | | 运输费 | |
| | | 试验认证费 | |
| | | 设计费、技术开发费 | |
| | | 差旅费 | |
| | | 活动费 | |
| | | 专利申请维护费 | |
| | 人工及分摊费 | 劳务费 | |
| | | 固定资产折旧费 | |
| | | 无形资产摊销费 | |
| 投资费 | 冲压 | 模检具费 | |
| | 焊装 | 夹具费 | |
| | 涂装 | 输送线改造、管道投资费 | |
| | 总装 | 输送线改造、单机设备费等 | |
| | 质检 | 综合检具、点检程序升级改造费等 | |

### 4.2.4 概念设计阶段的预算制定

有些企业和项目会将成本估算和成本预算融合在一起，两者既有区别又有联系，两者间的关系如图 4-14 所示。成本预算是将项目目标成本细分到各项项目活动中，其主要成果是成本基准，是经批准和承认的项目预算。在工程开发项目中，成本基准是时间 – 成本累计的关系曲线，是成本管控的重要依据。在汽车产品开发项目中，项目预算是控制整车成本的管控标准，是各个子系统成本分配的依据。

图 4-14 预算与估算关系

制定预算的方式通常有以下两种。

1）汇总（自下而上的方法）。这种方法是将 WBS 中各个项目活动的成本汇总到工作包中，再将工作包的成本汇总至更高层次。在汽车产品项目中各区域的零部件成本，还会涉及相关车型的对标分析工作。因此采用此方法过程耗时长，但准确度较高。

2）分解（自上而下的方法）。这种方法是将确定的预算总额结合 WBS 进行分解，可以按照项目构成的层次、成本构成要素、项目进度计划进行分解，也可以采取多种方法相结合的综合分解。在新车型开发项目中，通常由新车型项目总工对各系统投资预算、零件成本进行分配。

新汽车产品在制定成本预算时，可由项目经理收集各区域的预算，并初步判定和沟通预算的不合理项，同步编制预算汇总分析报告。项目预算初步制定完成后，通常需要进行进一步的调整。由项目经理向新车型总负责人等相关领导汇报，涉及要求削减的预算金额由项目经理主导配合调整跟进。调整完成后，项目经理将编制的预算汇总报告反馈至财务部，财务部结合公司年度预算设定预算目标。项目经理组织各系统将确定的预算目标进行分解，若有问题则将修改后的预算汇总反馈给财务（原则上必须达成财务的预算目标）。经调整后的终版新车型开发预算需经过董事会审批，才可启用预算。项目经理后续依据审批通过的预算，对预算使用申请进行严格控制。

## 4.2.5 设计阶段的成本核算和分析

### 1. 成本的核算

成本的核算通常以固定的周期进行。成本核算通常分为以下几步。

1）记录核算周期内（通常按月进行）资源的使用数量，包括工程师的工时、设备的运转时间、材料的耗费等。

2）公司管理费、其他间接费用的核算和均摊。

3）由财务进行项目中各项费用的核算和汇总，编制项目成本核算报表。

在汽车产品开发过程中，通过对 WBS 下的各项费用划分进行管控，预算管控责任科室 / 责任人每月或定期将投资和研试费的预算执行情况反馈给财务部，统一整理各车型的预算执行情况后形成月度集团简报提交至集团。

### 2. 成本分析

项目成本分析是利用定期核算的成本数据和预算成本进行对比，分析成本差异或成本变动的原因，常用的方法有比较分析法和趋势分析法。

整车开发项目流程中，会设置多个阀点。企业组织阀门会议对项目进度、质量和成本等进行评估检查。在项目阀点审议时，根据阀门预算工作流程指导文件对预算使用情况进行回顾和分析，在重要节点通过财务制作的成本 BOM 确认当前设计状态的整车成本和成本目标的差异。

### 4.2.6 项目开展中的成本控制

成本控制方式通常分为主动控制和被动控制。主动控制指预先分析目标偏离可能性，并拟定预防措施，属于事前控制；被动控制指在项目进行中找出偏差，并寻求解决。在实际项目管理过程中，通常是将二者相结合。在成本控制过程中，常用的方法有挣值法、成本累计曲线法、项目成本分析表法。

1) 挣值法：是将范围、进度、成本综合考虑，以评估项目绩效和进展的方法，如图 4-15 所示。该方法主要是对计划价值（PV）和挣值（EV）、挣值（EV）和实际成本（AC）进行比较以识别成本、进度的变动情况，并根据劳动、原材料或其他因素对引起较大变动的原因进行分析。

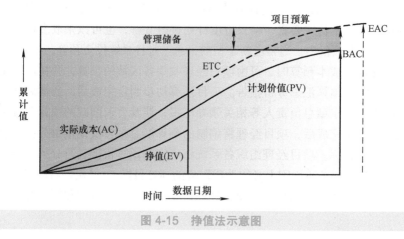

图 4-15　挣值法示意图

2) 成本累计曲线法：成本累计曲线是反映整个项目或项目中相对独立部分成本使用情况的图示，如图 4-16 所示。

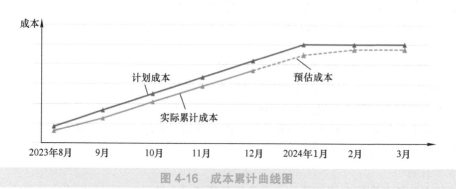

图 4-16　成本累计曲线图

3) 项目成本分析表法：是利用表格进行成本分析和成本控制的一种方法，如图 4-17 所示。

| 项目名称 | | | | |
|---|---|---|---|---|
| 本月计划 | | | 实际完成量 | |
| 完成比例 | | | | |
| 项目费用 | 单价 | | 成本 | |
| | 本月 | 计划 | 本月 | 累计 |
| 研发费 | | | | |
| 人工费 | | | | |
| 材料费 | | | | |
| 外包费 | | | | |
| 折旧费 | | | | |
| 设备使用时间 | | | | |

图 4-17 项目成本分析表法示意图

### 1. 汽车开发中设计阶段的成本控制

汽车新产品开发过程中，设计阶段对整车成本的影响最大。因此做好设计阶段的成本管控工作，对产品达到预期效果和收益目标有重大意义。

随着设计的开展，汽车产品的功能逐步明确，设计方案逐步确定，零件共用和新开发设计零件、零件材料、外购件和内作的策略逐步明确，采购定点工作同步推进，成本 BOM 的准确度会进一步提高。项目经理定期将工程 BOM 提供给财务进行整车成本核算。在定期的项目例会上，各系统区域汇报投资预算的使用情况及零件成本的超标风险。

若整车成本超过制定的成本目标，通常采取以下策略进行优化：结构优化、功能优化、系统优化、零件共用设计、材料替代、制造工艺优化、联合供应商开发、国产化策略、轻量化设计。涉及性能、配置和成本的冲突，由项目经理牵头组织各部门专家、总监进行方案讨论，由产品总工进行平衡和决策。

### 2. 验证阶段－批量化生产阶段的成本控制

设计验证阶段至批量化生产阶段的成本控制，主要通过控制零件的设计变更、优化验证车辆数进行控制。在生产准备阶段，还可以通过价格再次审核、采购谈判、引入新供应商等供应链优化手段达成成本优化控制效果。

## 4.2.7 项目总结的成本决算

成本决算是指项目从启动到项目结束为止的全部费用的核算。通过决算确定项目全生命周期各个阶段所发生的成本，分析项目执行和项目计划的差异，对比实际成本和预算成本差异，总结经验吸取教训。

汽车产品一般在完成开发推向市场后的 6~8 个月，对成本目标和收益目标达成情况进行汇报和总结。在进行决算前，需要完成投资转固定资产、研发支持转无形资产工作。项目经理梳理项目开展过程中的各项费用和成本，对比立项时的各投资成本目标，对投资和收益进行评价。

## 4.2.8 汽车开发全生命周期的收益管理

—— 案例 ——

**案例 1**：某企业为了与其他企业竞争，决定开发一款小型轿车，但由于公司同期在开发多款车型，将大部分研发资源投入到了大型轿车上，导致该款小型轿车开发进展缓慢，最终无法按计划上市，收益未达预期。

**案例2**：某汽车企业为了压缩成本，采取了一系列手法，包括员工"自愿"义务加班，以及大量采用质量控制等级不高的低价供应商来供货……这些做法虽然短期内帮助公司减少了成本，但却对员工士气和产品质量造成了严重伤害，最终使得产品出现质量事故，导致公司遭受了巨额罚款，严重影响车型生命周期收益。

汽车新产品的全生命周期收益管理是指运用专门的知识、技能、流程、工具和方法，综合考虑售价、开发投入、运营成本、技术、产品性能、产品质量等要素的平衡，使项目在有限资源条件下实现或超过设定的目标收益指标。

全生命周期收益管理覆盖预研启动到产品停产的全过程，需要进行系统的、全面的、动态的、持续的管理，以实现项目收益的最优化。新车型开发过程中产品定位不清、目标设定不合理、开发流程混乱、沟通不畅、资源分配不合理、风险管理不足、变更管理缺乏有效性等都可能导致项目收益远低于预期。

常见的收益指标有利润额、利润率、净现值（NPV）、内部收益率（IRR）、净资产收益率（ROE）、自有资金年化回报率（ROI）、销售毛利率等。以经销商模式为例，车型收益测算模型如图4-18所示。

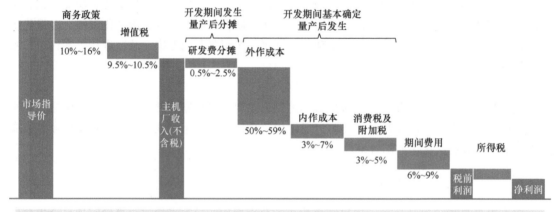

**图4-18　车型收益测算模型**

其中销售收入＝车辆售价×销售台数，产品售价受产品价值、市场供需关系、消费者接受度、政府政策等因素影响。在人工智能飞速发展的背景下，软件定义汽车应运而生，车企还可通过软件服务为客户提供价值获取收入。

由图4-18可以看出，外作成本是车型收益中占比最大的影响要素。全生命周期的车型外购成本管理涉及设计／产品／采购／质量／销售等领域，是一项多方合作共同推进的活动，是从客户价值出发，通过产品规划、方案选型、方案实施、供应商定点、技术方案优化、数据冻结、设变成本控制、成本改善等一系列活动围绕产品盈利性展开的项目管理活动。在开发过程中，具体的外购成本管理过程如图4-19所示。

除外购成本外，研发费和缴纳税额也是影响收益目标的重要因素。

研发费是新车型可行性研究报告里的关键要素，包含研发人员劳务费、造型设计费、零部件同步开发费、试制样车样件费、试验及检测费用、差旅费、生产准备费用、公告认证费用等。产品开发费用在开发期间会计入"研发支出"科目，待车型达到量产条件时会转入"无形资产（非专利技术）"，在产品销售期间进行分摊。车型开发期间也需进行管控，管控方法如图4-20所示。

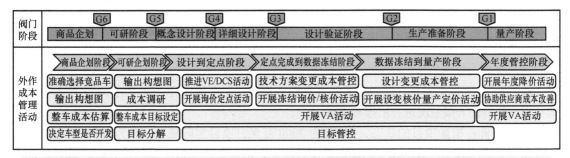

图4-19 车型外购成本管理过程

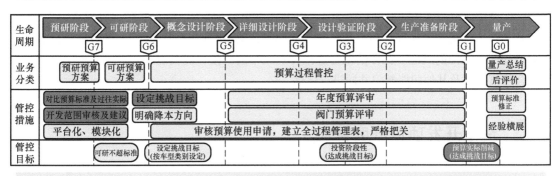

图4-20 研发费管控方法

国家税收政策也是汽车产品收益的重要影响因素，近年来，国家多次提高研发费用加计扣除比例，在进一步激励企业加大研发投入、更好地支持科技创新方面发挥了很好的政策导向作用。车企进行新车型开发享受税收优惠政策，主要表现在：

1）研发费用加计扣除。加计扣除可减少所得税缴纳额，2023年《财政部税务总局关于进一步完善研发费用税前加计扣除政策的公告》明确，企业开展研发活动中实际发生的研发费用，未形成无形资产计入当期损益的，在按规定据实扣除的基础上，自2023年1月1日起，再按照实际发生额的100%在税前加计扣除；形成无形资产的，自2023年1月1日起，按照无形资产成本的200%在税前摊销。

2）所得税税率削减。高新技术企业认定的车企所得税税率由25%降为15%，极大降低了企业税负，少缴纳的资金可用于加大研发投入，实现技术更新迭代。

### 4.2.9 实战经验与注意事项

某公司规划开展一款中改车型项目，公司技术高层在项目策划时开会讨论了改款的基础车型及大致的更改范围。项目经理根据大致的项目范围自下而上收集预算并反馈给领导，预算收集结果是2亿元。公司领导根据公司的财务预算以及市场规划，要求项目经理将预算削减50%。项目经理再次召集各区域技术负责人开会，讨论减少一些用户体验感不明显的地方。经过更改范围的调整，预算达到领导要求的1亿元。领导批准按当前预算开展项目，但要求结合政府政策课题，预算中的2000万元从政府拨款中支出，剩下8000万元为公司自筹经费。

随着项目的开展，发现项目的难度高于预期。销售和规划分析市场最新需求，不断提出更改配置的要求。项目在工装样车造车开始时已经花费了8000万元，此时试验费用、公告申报未开展，部分标定费用未支付以及设计变更未进行。项目经理根据项目进度和剩余工作量进行估算，还需 3000 万元费用才能完成项目，且政府的 2000 万元拨款还未到账。此时项目经理做了一份详细费用使用报告，对比项目立项初期批准的 1 亿元预算明细，发现在智能驾驶和智能座舱部分费用超支，原因是项目开展过程中销售对这两部分的要求提高。

项目经理向公司领导汇报了当前项目情况，并申请领导再批准 3000 万元的预算，领导批准了 2000 万元管理储备费用，此时项目经理只能先按此费用开展项目，剩下的 1000 万元费用后续再根据项目的开展情况进行汇报和申请。

案例分析：根据项目的状态，EV 值为 7000 万元，项目实际成本 AC 为 8000 万元，项目花费超前，成本超支。成本超支的原因是项目变更，但未就此项目变更进行对应的成本变更申请。项目经理在制定项目预算时，未制定应急储备，以应对可能出现的变化。项目经理制定预算时，应预留一部分费用应对销售可能出现的需求变更。

从上述案例可知，在评估项目预算时，需同时评估风险应对费用，即一部分应急储备，以应对已知的和未知的风险。在评估项目总预算和成本的时候，要具有一定的前瞻性，这通常可以联合价值工程及其他职能部门共同进行评估。

## 4.3 汽车开发项目进度管理

☞ 课前小讨论

小王应届毕业后入职一家整车公司项目管理部。部门领导决定由小王来负责改款车型开发项目的进度管理。小王还未独立负责过管理项目，任务突然来临，应该如何做好进度管理？

通过本章学习，请你帮助小王梳理进度管理的工作，明确小王需要哪些输入以开展工作，通过哪些工具实现进度的管理，在管理进度过程中需要重点关注哪些事项。

项目进度管理、项目成本管理以及项目质量管理被称为项目管理的"三大要素"，它们构成了项目管理的核心要点。项目进度管理旨在在项目执行阶段有效地监控各个阶段的进展，以及最终项目完成的时间节点，以确保项目在满足时间约束的同时实现整体目标。

项目进度管理包括为管理项目按时完成所需的各个过程。其过程可概括为五大规划、一大监控。表 4-4 是项目进度管理的主要过程。

表 4-4　项目进度管理主要过程

| 管理过程 | 主要工作 |
| --- | --- |
| 规划进度管理 | 制订进度管理计划，为项目进度管理提供指南和方向 |
| 定义活动 | 将 WBS 中的工作包分解为具体的任务，主要输出为活动清单 |
| 排列活动顺序 | 厘清活动之间的逻辑关系和前后顺序，主要输出为项目进度网络图 |
| 估算活动持续时间 | 综合考虑资源、风险和约束，以估算单个活动的持续时间 |
| 制订进度计划 | 综合考虑活动顺序、持续时间，制订具体的项目进度计划和进度基准 |
| 控制进度 | 监督项目状态，以更新项目进度和管理进度基准变更的过程 |

### 4.3.1 规划进度管理

规划进度管理的核心目标在于建立政策、流程和文档，以规划、编制、管理、执行和监控项目的时间进度。这项关键工作的主要职责是为项目的全程管理提供指导和框架。通常，这个过程只进行一次，或者仅在项目预先定义的关键点进行。

规划进度管理输入包含项目章程、项目管理计划、事业环境因素、组织过程资产。

规划进度管理输出包含进度管理计划。

进度管理计划一般包括：①项目进度模型制定；②进度计划的发布和迭代长度；③准确度；④计量单位；⑤组织程序链接；⑥项目进度模型维护；⑦控制临界值；⑧绩效测量规则；⑨报告格式。

规划进度管理方法与工具包含专家判断、数据分析、会议。

### 4.3.2 定义活动

定义活动的目标是将项目范围细化为可管理的活动或任务，以作为进行进度估算、规划、执行、监督和控制项目工作的基础。这一过程的执行是在项目生命周期中持续进行的。

定义活动输入包含项目管理计划、事业环境因素、组织过程资产。

定义活动输出包含活动清单、活动属性、变更请求、项目管理计划更新。

定义活动工具与技术包含专家判断、分解（即将项目范围和可交付成果逐步划分为更小、更易于管理的组成部分）、滚动式规划（采用迭代和敏捷方法的方式，核心是在周期内逐步明确和详细规划项目工作）、会议。

### 4.3.3 排列活动顺序

排列活动顺序旨在辨识和记录项目活动之间相互关系的关键过程。其主要目标在于明确工作之间的逻辑顺序，以在既定的所有项目制约因素下达到最佳效率。

排列活动顺序输入包含项目管理计划、项目文件、事业环境因素、组织过程资产。

项目文件包括（但不限于）：①活动属性；②活动清单；③假设日志；④里程碑清单。

排列活动顺序输出包含项目进度网络图、项目文件更新。

排列活动顺序工具与技术包含：

1）紧前关系绘图法。紧前关系绘图法（PDM）通过使用节点表示活动，并将其通过一种或多种逻辑关系将这些活动连接起来，从而展示活动的执行顺序，其包括四种关键的依赖关系或逻辑关系。在进度计划的逻辑路径中，紧前活动指排在非开始活动前面的活动，而紧后活动则是排在某个活动后面的活动。这些关系的定义如图 4-21 所示。

① 完成到开始（FS）。只有紧前活动完成，紧后活动才能开始的逻辑关系。

② 完成到完成（FF）。只有紧前活动完成，紧后活动才能完成的逻辑关系。

③ 开始到开始（SS）。只有紧前活动开始，紧后活动才能开始的逻辑关系。

④ 开始到完成（SF）。只有紧前活动开始，紧后活动才能完成的逻辑关系。

虽然两个活动之间可能同时存在两种逻辑关系（例如 SS 和 FF），但不建议相同的活动之间引入多重关系。因此必须选出影响最大的关系，且尽量不采用闭环的逻辑关系。

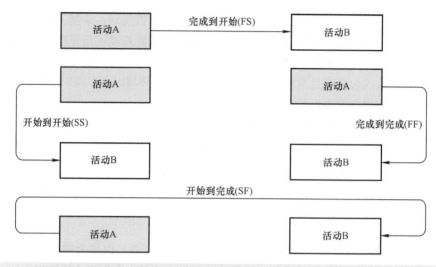

图 4-21　紧前关系绘图法（PDM）的活动关系类型

2）确定和整合依赖关系。依赖关系可能是强制或选择的、内部或外部的。四种依赖关系包括：

① 强制性依赖关系：法律或合同要求的或工作内在性质决定的依赖关系，又称硬逻辑关系或硬依赖关系。

② 选择性依赖关系：又称软逻辑关系，应基于具体应用领域的最佳实践或项目的特殊性质对活动顺序的要求来创建。

③ 外部依赖关系：项目活动与非项目活动之间的依赖关系，这些依赖关系往往不在项目团队的控制范围内。

④ 内部依赖关系：内部依赖关系是项目活动之间的紧前关系，通常在项目团队的控制之中。

3）提前量和滞后量。提前量是相对于紧前活动、紧后活动可提前的时间量，一般用负值表示。滞后量是相对于紧前活动、紧后活动需要推迟的时间量，一般用正值表示。图 4-22 所示为提前量和滞后量示例。

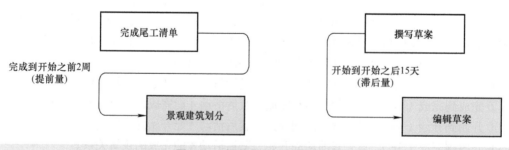

图 4-22　提前量和滞后量示例

项目进度网络图包含了所有活动、依赖关系和活动的顺序，是整个项目进度的图形化表示。图 4-23 所示是项目进度网络图的一个示例。

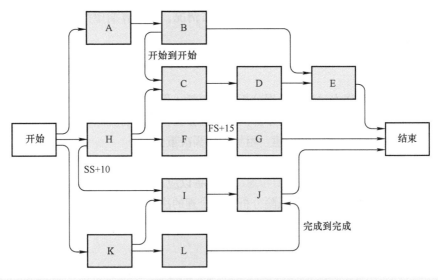

图 4-23　项目进度网络图

### 4.3.4　估算活动持续时间

估算活动持续时间旨在评估每个活动完成所需的时间，为制订合理的项目进度计划提供基础，本过程需要在整个项目期间开展。活动持续时间的估算受多项因素的影响，最好由团队最熟悉该活动及组织环境的人员参与评估或提供输入，输入越详细，评估越准确。

估算活动持续时间输入包含项目管理计划、项目文件、事业环境因素、组织过程资产。

估算活动持续时间输出包含持续时间估算（即每个活动的预期持续时间）。需注意其中并不包括任何滞后量，但可指出一定的变动区间。例如某项活动需要 12 天 ±3 天，表明活动至少需要 9 天，最多不超过 15 天。

估算活动持续时间工具与技术包含：

1）专家判断。

2）类比估算。即基于相似活动或项目的历史数据，来估算当前活动或项目持续时间的方法。这一方法基于过去的经验，通过对类似工作的完成时间进行比较，为当前活动提供一个初步的时间框架。类比估算是一种粗略的估算方法，在某些情况下，需要根据项目要素的差异进行调整，以提高估算的准确性。

3）参数估算。基于历史数据和特定参数（如工作量、资源等）来估算活动时间。参数估算的准确度取决于参数模型的成熟度和基础数据的可靠性。

4）三点估算。使用最可能、最乐观和最悲观情况来估算活动时间，以确定活动持续时间的近似区间。

① 最可能时间（$t_M$）：基于最可能获得的资源、最可能取得的资源生产率、对资源可用时间的现实预计、资源对其他参与者的可能依赖关系及可能发生的各种干扰等，所估算的活动持续时间。

② 最乐观时间（$t_O$）：基于活动的最好情况所估算的活动持续时间。

③ 最悲观时间（$t_P$）：基于活动的最差情况所估算的活动持续时间。

基于持续时间在三种估算值区间内的假定分布情况，可计算期望持续时间 $t_E$。常用公式为 $t_E = (t_O + t_M + t_P)/3$。

5）自下而上估算。通过逐层汇总工作分解结构（WBS）的组成部分来估算项目整体的时间。

6）数据分析。可用作本过程的数据分析技术包括（但不限于）：

① 备选方案分析。通过备选方案分析，团队能够比较不同的资源能力或技能水平、进度压缩技术、工具选项以及关于资源的创建、租赁和购买决策。

② 储备分析。通过储备分析，团队能够确定项目所需的应急储备量，并制定有效的管理储备策略。在进行持续时间估算时，需要考虑应急储备以应对进度方面的不确定性和风险。

7）决策。基于多种估算方法和风险分析做出合理的决策。

8）会议。通过与相关方举行讨论会议来对活动时间进行评估和确认。

## 4.3.5 制订进度计划

制订项目计划是项目进度管理的关键过程之一，旨在通过分析活动顺序、持续时间、资源需求和进度制约因素而建立项目的详细执行计划，确保项目按照既定的时间表和目标进行。项目计划在整个项目的生命周期内根据项目进程按需进行迭代。

编制项目计划的过程一般需要安排如下工作：

事前：需要审核持续时间估算、资源估算和进度储备等输入的准确性和合理性。

事中：定义项目里程碑、识别活动并排列活动顺序，以及估算持续时间，并以此制订进度计划。

事后：审核进度计划与资源日历或其他限制因素等是否有冲突，活动顺序的逻辑是否合理，并做适当的调整以确保进度计划在整个项目期间切实可行。

制订进度计划输入包含项目管理计划、项目文件、协议、事业环境因素、组织过程资产。

制订进度计划输出包含：

1）进度基准。指正式批准的进度模型，包括项目的关键日期、里程碑、任务和阶段完成的预定时间。这是项目进度管理的核心文档，为项目团队和利益相关方提供了一个共同的框架，用于评估项目进展。其核心的作用是性能测量、变更管理、沟通工具、项目控制。

2）项目进度计划。项目进度计划是进度模型的输出，为各个相互关联的活动标注了计划日期、持续时间、里程碑和所需资源等。项目进度计划根据项目实际情况，可以是概括性的，也可以是详细的、具有进度计划的所有要素。项目经理应根据实际情况对其进行一定的裁剪以适应项目。项目进度计划可以用表格或者图形来体现，可以采用以下一种或多种图形来呈现。

① 横道图。横道图也称为"甘特图"。在横道图中，纵向列表示活动，横向列表示日期，用横道表示活动持续时间，简单直观，图 4-24 所示为项目进度计划示例。

② 里程碑图。一般与横道图联用，仅标示出主要可交付成果和关键外部接口的计划开始或完成日期，一般称为一级计划，如图 4-24 所示的"里程碑进度计划"部分。

③ 项目进度网络图。这些图形通常用活动节点法绘制，没有时间刻度，仅显示活动及其相互关系，有时也称为"纯逻辑图"，如图 4-23 所示。项目进度网络图也可以是包含时间刻度的进度网络图，有时称为"逻辑横道图"，如图 4-24 中的详细进度计划。这些图形中有活动日期，通常会同时展示项目网络逻辑和项目关键路径活动等信息。本例也显示了如何通过一系列相关

活动来对每个工作包进行规划。

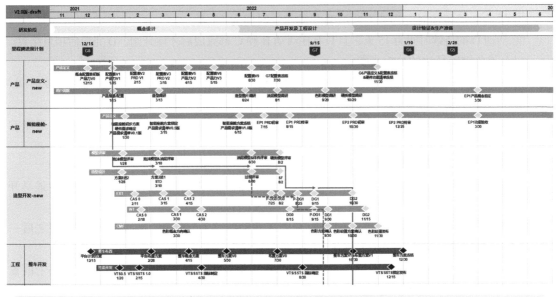

图 4-24 项目进度计划示例

3）进度数据。进度数据是关于项目执行和进展的信息集合，用于测量项目的实际进度，与项目计划比较，从而支持决策、控制和及时采取纠正措施。进度数据可用作支持细节的信息包括（但不限于）资源需求、备选进度计划、进度储备使用情况。

4）项目日历。在项目日历中确定可用于进行进度活动的工作日和工作班次是至关重要的。该日历明确了可用于执行进度活动的时间段，将其与不可用的时间段区分开，时间单位可以是按天或更小。

5）变更请求。

6）项目管理计划更新。

7）项目文件更新。

制订进度计划工具与技术包含：

1）进度网络分析。通常使用网络图来可视化和分析项目任务之间的逻辑关系和依赖关系。这种方法的目标是识别和优化项目的关键路径、优化资源分配，确保项目按计划推进。通过在项目过程中不断更新和优化网络图，团队能够更好地应对变化和风险，确保项目的成功完成。

2）关键路径法。关键路径是项目中时间最长的活动顺序，旨在评估项目最短工期。在不考虑任何资源限制的情况下，先使用顺推的方法计算出所有活动的最早开始、最早结束时间，再使用逆推的方法计算出所有活动的最晚开始、最晚结束时间，随后用两者的差值计算出每个活动可以推迟或拖延的浮动时间。在该过程中，评估项目最短工期，并确定逻辑网络路径的总浮动时间，同时找出项目的关键路径（即总浮动时间=0的路径）。关键路径上的任意一个活动的推迟完成都会拖延整个项目的进度。因此在项目进度规划和进度监控的时候，或者当项目资源出现意料之外的状况时，我们就可以知道哪些活动是可以放一放的，哪些活动是一定要按时完成的。

以下借用一个 PMBOK 的案例进行说明，如图 4-25 所示，在一个项目中，一共有 A、B、C、D 四个活动，已知：

① 活动 A 的持续时间为 5 天，A 完成后才能开始活动 B 和活动 C。

② 活动 B 的持续时间为 5 天，活动 C 的持续时间为 10 天。

③ 活动 D 的持续时间为 15 天，且只有在活动 B 和 C 都完成后才能开始，D 完成后项目结束。

以下是关键路径法的分析步骤：

第一步：需根据活动之间的逻辑关系绘制活动进度网络图，并在每个活动的"持续时间"格内填入该活动的持续时间。

第二步：采用"顺推法"推出所有活动的最早开始、最早结束时间，顺推法需要遵循的原则：

① 在初始活动的"最早开始"格内填入时间"1"，也就是第一天。

② 根据"持续时间"格内的数据推算出"最早结束"格内的时间。"最早结束"="最早开始"+"持续时间"−1。

③ 下一活动的"最早开始"时间是所有前置活动的"最早结束"时间中的最大值之后一天。下一活动"最早开始"=max{前置活动"最早结束"}+1。

这是因为，所有活动都是根据逻辑顺序尽可能早地开始。注意当遇到某个活动有多个前置活动的时候，其在最后结束的前置活动之后一天开始。

根据上述原则，填写每个活动的"最早开始"和"最早结束"时间。最后一个活动的"最早结束"时间也就是项目的最短工期。即最短工期 = 最后一个活动"最早结束"。

第三步：采用"逆推法"推出所有活动的最晚开始、最晚结束时间，在逆推中假设每个活动都能根据逻辑顺序尽可能晚地结束，为之后研究每个活动的浮动时间打下基础。逆推法需要遵循的原则：

① 在项目"完成"的前置任务的"最晚结束"格内填入"最短工期"。

② 根据"持续时间"格内的数据推算出"最晚开始"格内的时间。"最晚开始"="最晚结束"+1−"持续时间"。

③ 上一活动的"最晚结束"时间是所有后置活动的"最晚开始"时间中的最小值之前一天。上一活动"最晚结束"= min{后活动"最晚开始"}−1。

这是因为，所有活动都是根据逻辑顺序尽可能晚地结束，注意当遇到某个活动有多个后置活动的时候，其在最早开始的后置活动之前一天开始。

根据上述描述的顺推规则，填写每个活动的"最晚结束"和"最晚开始"时间

第四步：根据差值确定所有活动的浮动时间。

根据"顺推得出的最早活动时间"与"逆推得出的最晚活动时间"之间的差值，可以确定每个活动的"浮动时间"：

$$浮动时间 = "最晚开始" - "最早开始"$$

或
$$浮动时间 = "最晚结束" - "最早结束"$$

当某一活动路径上的所有活动的"浮动时间"之和，即"总浮动时间"为"0"的时候，该路径为"关键路径"。经过关键路径法判断，我们可以得出活动 A → C → D 是本项目的关键路径，需要格外关注，活动 B 可以有 5 天的浮动时间。

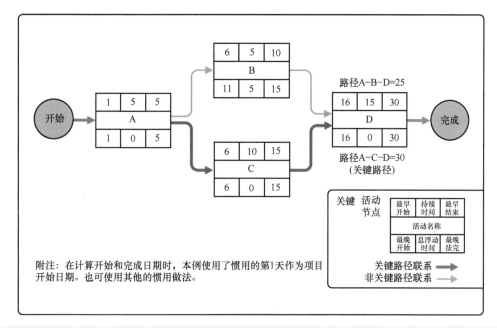

**图 4-25 关键路径法示例**

3）资源优化。资源优化是一种用于调整活动开始和完成日期的关键技术，以使计划使用的资源等于或少于可用资源。该技术包括（但不限于）：

① 资源平衡。该技术旨在实现资源需求与资源供给之间的平衡。根据资源制约因素调整活动的开始和完成日期，资源平衡的目标是在有限资源的情况下达到最优分配。在项目进度计划期间，关键路径的变化是资源平衡的一种常见结果。

② 资源平滑。资源平滑是通过调整进度模型中的活动，以确保项目资源需求不超过预定的资源限制。相较于资源平衡，资源平滑的独特之处在于它不改变项目的关键路径，因此项目的完工日期不会延迟。资源平滑主要关注活动在其自由和总浮动时间内的延迟，以保持整体资源利用的有效性。

4）数据分析。可用作本过程的数据分析技术包括（但不限于）：

① 假设情景分析。假设情景分析是指分析不同情景对进度计划的影响，并为此编制进度储备和应对计划。

② 模拟。模拟是把项目风险和不确定性的其他来源模型化的方法，以评估它们对项目目标的潜在影响。

5）提前量和滞后量。提前量和滞后量是网络分析中使用的一种调整方法，通过调整紧后活动的开始时间来编制一份切实可行的进度计划。提前量用于提早开始紧后活动，而滞后量是在紧前和紧后活动之间增加一段不需要工作或资源的自然时间。

6）进度压缩。进度压缩技术需在不缩减项目范围的前提下，缩短工期或加快进度，以满足进度制约因素、强制日期或其他进度目标。图 4-26 列举了两个方法：

① 赶工。通过增加资源以压缩周期。

② 快速跟进。快速跟进是指将正常情况下按顺序进行的活动或阶段改为至少是部分并行开展。该办法虽然可以压缩进度，但也可能造成返工，从而加大了质量和成本风险。

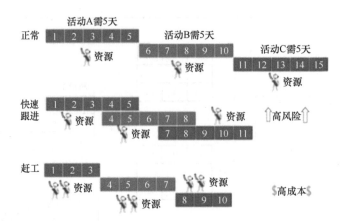

图 4-26 进度压缩技术的比较

7）项目管理信息系统。项目管理信息系统是指进度计划软件。

8）敏捷发布规划。旨在提供高度灵活、可适应和价值导向的项目计划。这种规划方法结合了敏捷原则和实践，注重迭代交付、快速反馈和客户价值。以下是敏捷发布规划的主要特征和步骤。

① 制定愿景和路线图。这包括对产品目标、关键特性和业务价值的明确定义。

② 划定发布时间轴。提供一个高度概括的发布进度时间轴，通常覆盖 3～6 个月的时间。

③ 确定迭代或冲刺次数。在规划中明确定义将进行的迭代或冲刺的次数。

④ 明确业务目标和价值。规划中要明确业务目标，并确保每个迭代都朝着这些目标前进。

⑤ 识别依赖关系和障碍。确保规划考虑到项目中的依赖关系和潜在的障碍因素。

⑥ 明确每次迭代结束时的交付功能。定义每个迭代结束时要交付的功能。

⑦ 强调客户价值。将客户价值置于重要位置，确保每个迭代都是为了提供客户所需的功能和价值。

⑧ 持续评审和调整。采用敏捷的原则，进行持续的评审和调整。

⑨ 灵活适应变化。敏捷发布规划注重灵活性，能够迅速适应变化。随着项目进行，团队可以根据新的需求、反馈或优先级的变化进行调整。

⑩ 透明度和沟通。保持透明度和良好的沟通。

## 4.3.6 控制进度

控制进度旨在确保项目按照计划推进，及时发现和纠正任何潜在的进度偏差。在项目的整个生命周期中，控制进度是持续进行的，涉及监控项目的实际进展、与计划进行比较，并采取必要的措施来调整和改进。

以下是控制进度的一些关键步骤和方法：监控实际进度、比较计划与实际情况、识别偏差问题、分析原因和影响、制定纠正措施、更新项目计划、沟通变化和调整、风险管理、持续监控和调整。

控制进度输入包含项目管理计划、项目文件、工作绩效数据、组织过程资产。

控制进度输出包含工作绩效信息、进度预测、变更请求、项目管理计划更新、项目文件更新。

控制进度工具与技术包含：

1）数据分析。可用作本过程的数据分析技术包括（但不限于）：

① 挣值分析。使用进度绩效测量指标 [ 如进度偏差（SV）和进度绩效指数（SPI）] 评价偏离初始进度基准的程度。

② 迭代燃尽图。这类图用于追踪迭代未完项中尚待完成的工作。它基于迭代规划中确定的工作，分析与理想燃尽图的偏差。可使用预测趋势线来预测迭代结束时可能出现的偏差，以及在迭代期间应该采取的合理行动。在燃尽图中，先用对角线表示理想的燃尽情况，再每天画出实际剩余工作，最后基于剩余工作计算出趋势线以预测完成情况。图 4-27 所示是迭代燃尽图的一个例子。

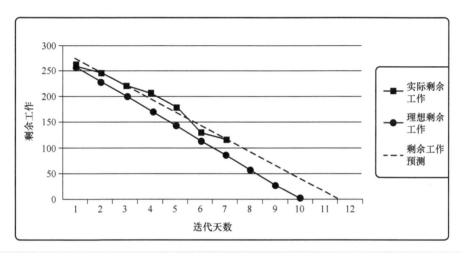

图 4-27 迭代燃尽图

③ 绩效审查。将进度绩效与进度基准进行测量、对比和分析。

④ 趋势分析。趋势分析是指检查项目绩效随时间的变化情况，以确定绩效是在改善还是在恶化。

⑤ 偏差分析。偏差分析专注于实际开始、完成日期，实际持续日期以及浮动时间与计划的差异，评估这些偏差对项目未来的影响，并制定相应的措施。

⑥ 假设情景分析。对不同的情景进行评估，使进度模型符合项目管理计划和项目基准。

2）关键路径法。

3）项目管理信息系统。

4）资源优化。

5）提前量和滞后量。

6）进度压缩。

### 4.3.7 汽车开发项目各阶段项目进度管理主要工作

在整车开发中，每个阶段的进度管理工作如下：

#### 1. 预研阶段

预研阶段建立政策、流程和文档，以规划、编制、管理、执行和监控项目的时间进度，为项目的全程管理提供指导和框架，包括但不限于：

1）制订进度监控计划，包括定期检查项目进度、记录关键数据和比较计划与实际进度。

2）制订进度报告模板，确保报告内容全面、准确，便于管理层和项目团队成员理解。

3）确定报告提交频率，如每周、每月或项目关键节点后。

4）设置项目里程碑，为后续进度管理提供有效的基准。

整车开发主要阀门节点可参考图4-20。

### 2. 可研阶段

1）确定项目团队的组织结构，包括各部门的职责和协作方式。选拔并组建跨职能的项目团队，确保团队成员具备必要的技能和经验。

2）根据项目需求，分配人力资源，包括设计师、工程师、采购专员等。

3）确定物力资源，如实验室设备、测试车辆等，并确保资源的可用性。

4）制定详细的财务预算，包括研发投入、材料采购、人力成本等。

5）识别关键路径，即决定项目完成时间的关键活动，并确保这些活动得到优先关注。

6）预留足够的缓冲时间，以应对可能出现的不可预见情况。

7）制订详细的项目一级计划，汽车开发过程中，往往会用甘特图展示项目计划。图4-28所示为汽车开发项目主计划案例。

### 3. 概念设计阶段

1）制订详细的概念设计阶段进度二级计划，明确设计目标、关键活动和预期成果。

2）进行市场调研和技术预研，收集必要的数据和信息。

3）组织设计评审会议，确保设计方案的可行性和符合性。

4）根据评审结果调整设计方案，优化进度计划。

5）定期监控设计进度，确保按时完成概念设计。

### 4. 详细设计阶段

1）制订详细的设计进度二级计划，明确设计细节、关键活动和预期成果。

2）进行详细设计，包括车身结构、动力系统、电气系统等。

3）组织设计评审会议，确保设计细节的准确性和符合性。

4）根据评审结果调整设计方案，优化进度计划。

5）定期监控详细设计进度，确保按时完成详细设计。

6）进行零部件采购、生产线建设等准备工作。

7）组织工程开发会议，确保开发过程的顺利进行。

8）根据开发进度调整计划，优化资源分配。

9）定期监控工程开发进度，确保按时完成开发任务。

### 5. 设计验证阶段

1）制订详细的设计验证进度二级计划，明确测试目标、关键活动和预期成果。

2）进行整车测试、零部件测试等验证工作。

3）组织测试验证会议，确保测试结果的准确性和可靠性。

4）根据测试结果调整设计方案，优化产品性能。

5）定期监控测试验证进度，确保按时完成验证任务。

### 6. 生产准备阶段

1）制订详细的生产准备进度二级计划，明确生产准备目标、关键活动和预期成果。

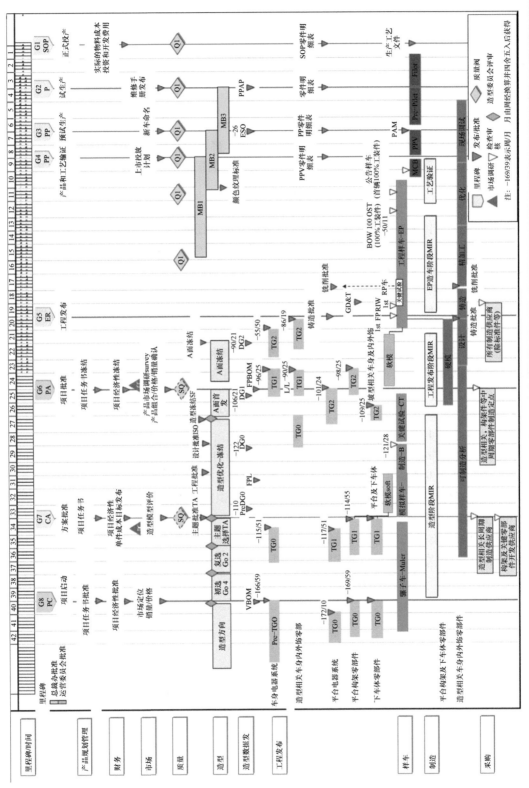

图 4-28 汽车开发项目主计划案例

2）进行生产线布局、设备调试等准备工作。

3）组织生产准备会议，确保生产准备的顺利进行。

4）根据生产准备进度调整计划，优化资源分配。

5）定期监控生产准备进度，确保按时完成准备任务。

## 4.3.8　实战经验及注意事项

要做好项目进度的管理，需要注意以下事项。

1）确保输入准确、合理。输入是开展工作的基础，确保项目输入准确、合理，在规划阶段尤为重要，包括明确的项目目标、清晰的范围定义等。如果范围不明确，则可能导致某项重要的活动未得到识别，越晚识别对项目造成的负面影响越大。

2）任务分解与工作包定义要细致、明确。将项目任务分解成小且可管理的工作包，为每个工作包明确定义交付标准，且尽量责任到人或者独立的责任部门。如果某个工作包需由多个部门来完成，且各自的分工并不清晰，则极有可能在项目开展过程中出现群龙无首的情况，最终可能导致项目失控的风险。

3）合理设置里程碑。里程碑一定要体现项目的关键事件和阶段，如果把进度的管理工作比作房屋，那里程碑就是房屋的骨架。里程碑设置不合理，会使进度管理失去基准。合理设置里程碑有助于团队集中精力完成重要的任务，确保项目按时推进。

4）选择适用工具和技术。选择适用的项目管理工具和技术，如甘特图、迭代燃尽图等，以提高对项目进度的监控。对项目工具的使用要根据项目实际情况进行适当的裁剪和调整，避免过剩或过于简单。

5）敏捷方法的应用。对于变化频繁或需求不断演变的项目，采用敏捷方法是一个良好的选择。敏捷方法能够更好地应对变化，提高项目的灵活性。

6）定期的进度审查会议。召开进度审查会议，对项目的实际进展进行评估，并讨论和解决可能的问题。及时发现并解决问题有助于避免进度滞后。

7）风险管理与应对。建立团队项目风险管理意识，识别可能对进度产生负面影响的风险，并制订相应的风险应对计划。

8）保持良好、有效的沟通。及时做好沟通，管理好项目相关人员的期望，求同存异，确保团队成员和利益相关方了解项目的实际进展情况。透明的沟通有助于建立信任和合作。

## 习　　题

一、单项选择题

1. 质量管理的主要效益包括（　　）。

A. 生产效率低，成本降低，干系人满意度提高

B. 生产效率高，成本降低，干系人满意度提高

C. 生产效率高，成本增加，干系人满意度提高

D. 生产效率低，成本增加，干系人满意度提高

2. 在项目监控过程中，你可以做出项目产品不符合要求的结论，如果（　　）。

A. 质量偏差呈现有规律的变化      B. 质量偏差呈现随机变化

C. 质量偏差超过规格上限或下限      D. 质量偏差超过控制上限或下限

3. 项目收益管理的关键步骤包括（      ）。

A. 确定项目目标和范围      B. 制定收益预测

C. 制定收益分析计划      D. 所有以上答案

4. 成本绩效指数（CPI）为 0.89 的意思是（      ）。

A. 当前项目预期总成本超过原计划 89%      B. 项目完成将超支 89%

C. 项目进度为 89%      D. 投入的每 100 元只收到 89 元的效果

5. （多选）汽车新产品开发过程，通过包括（      ）。

A. 研发成本      B. 制造成本      C. 销售成本      D. 其他直接费用

6. 进度计划经理注意到由于数据录入错误，低估了关键路径上某项任务的完成时间。进度计划经理应该怎么做？（      ）

A. 立即将该错误报告给项目发起人

B. 调整所有任务，保持计划的完成日

C. 立即与项目经理讨论该错误以及可能的纠正措施

D. 制定解决方法，确保客户不会产生有关进度影响的困扰

7. 项目经理了解到项目进度的绩效指数（SPI）为 0.77。项目经理应该（      ）。

A. 更新成本基准      B. 更新进度基准

C. 分析关键路径上的绩效      D. 分析项目管理计划

8. 一家公司必须开发一项产品来解决监管问题。项目经理必须让来自几个国家的不同团队参与进来，并使他们与承诺的里程碑保持一致。项目发起人要求项目经理在本周创建并分发项目进度计划。项目经理应该（      ）。

A. 根据所需的里程碑创建进度计划并发布

B. 要求团队提供意见，并根据团队可用性创建进度计划

C. 获得团队的估算，并使用进度计划工具来调整和满足里程碑

D. 使用暂定日期分发活动清单和相应属性

9. 项目团队正在识别和评估一个项目的风险，该项目在范围和预算方面与上一个实施的项目类似。当前项目的主要区别在于可用资源更少。在评估风险时，项目经理应该特别注意（      ）。

A. 进度计划      B. 范围      C. 设计      D. 风险登记册

10. 一个新项目完工所需成本的不确定性很高。项目经理应该用（      ）方法来确定预期成本。

A. 类比估算      B. 统计技术估算      C. 参数估算      D. 三点估算

二、思考题

1. 作为质量管理体系运转的基本方法，戴明环（PDCA 循环）各个阶段及其作用分别是什么？你认为其中哪个阶段是最重要的？

2. 质量水平未达要求和低等级产品哪项属于问题的可能性更大？质量和等级在概念上有什么不同？

3. 列举成本估算的常用方法，比较各方法的适用范围及特点。

4.简述成本控制的主要内容和步骤。

5.简述什么是挣值法，并说明怎样在成本控制中运用挣值法。

三、案例分析

李工是某小型项目项目经理，正在为客户公司开发一个车机软件。该项目团队成员包括项目经理1人、系统架构师1人、资深编程工程师3人、程序员3人、UI界面工程师1人、测试人员2人、客户方技术对接人员2人。项目的原计划工期为40周，项目预算为50万元。因是公司首个车机软件开发项目，项目部和公司高层领导对此项目很重视，要求项目经理每周汇报项目进度状态。在项目开展中，第19周李工向领导报告项目的整体状态，在状态报告中李工列出了第18周的项目状态相关数据，详情如下：

1）当前项目已完成工作量为50%。

2）当前项目实际成本（AC）为28万元。

3）项目按当前时间的计划成本（PV）为26万元。

[问题1]　请确定项目的挣值（EV）。

[问题2]　请预测项目结束时的总成本（EAC）。

[问题3]　请对该项目在成本方面的状态进行分析。

# 第5章
# 汽车开发技术和管理数字化

☞ **本章导学**

基于模型的系统工程（Model-Based Systems Engineering，MBSE）作为一种新的范式，被美国国防部、欧洲航天局等政府组织应用于各种重大项目之中。德国工业4.0也将"利用模型掌握系统复杂性"列为未来重要活动领域之一。将MBSE用于汽车开发，是把MBSE方法用于汽车开发全生命周期过程中，它以满足整车性能和功能需求为目标，通过对整车系统进行综合分析、综合设计、综合优化和综合管理，以协调各个子系统、部件和组成部分之间的关系，最终实现整车性能、质量、成本、可靠性、安全性等方面的要求。其本质上是在一个信息化平台上进行汽车开发，把汽车开发技术过程、管理过程模型化，向设计人员、管理人员等传递必要的信息，实现多领域协同设计，管控整个设计开发过程，从而达到快速、高效的设计。MBSE在汽车开发中采用统一的架构，存储大量过程信息，这些模型便于追溯原因、重用或调整优化。这种方法在汽车公司中的应用，前期会增加一部分工作量，待这套方法在整车开发中完善后，将会提升后续相关车型开发质量，降低开发成本和周期。

☞ **学习目标**

1. 了解基于模型的系统工程（MBSE）的理论和方法
2. 了解基于模型的系统工程在汽车整车开发的过程
3. 了解基于模型的系统工程的汽车开发平台建设
4. 了解基于模型的系统工程在汽车开发中的应用

☞ **课前小讨论**

相比于传统基于文本的系统工程，MBSE独有的优势让很多政府组织和企业将技术路线从传统系统工程（TSE）转到了MBSE。美国航空航天局（NASA）明确要求系统论证交付物必须是模型。洛马公司潜艇设计团队在进行全新潜艇电子系统设计过程中花费一年的时间将原来的文档全部转化为系统模型。此外，在汽车领域，在汽车电气系统的开发过程中应用MBSE已经是目前西门子等一级供应商的主流解决方案。福特等整车企业也已经开始着手将MBSE应用在整个产品的研发流程中。MBSE在我国航空工业和高铁工业中得到了广泛应用。

请问MBSE是否可能应用于汽车整个产品的开发过程？MBSE在汽车开发中的应用，需要项目管理系统做哪些调整？

## 5.1　基于模型的系统工程

基于模型的系统工程被定义为"通过形式化地应用建模技术，支持系统需求、设计、分析、验证和确认活动，对这些活动的支持从概念设计阶段开始，一直持续到系统开发和寿命周期后期阶段。"它是一种以模型为核心的系统工程方法，通过建立和使用模型来描述、分析和设计复杂的系统。MBSE 旨在提供一种跨学科的、可视化的方法，以协调各个系统工程领域之间的交互和合作。MBSE 以模型为核心，将系统的需求、结构、行为等信息通过建立和使用模型进行描述、分析和设计。这些模型可以是图形化的、数学化的或者描述性的，能够帮助系统工程师更好地理解系统的特性、功能和性能。

MBSE 使用各种类型的模型来帮助人们理解、描述和分析系统的不同方面特性。对于基于模型的系统工程来说，与传统的以文档为中心的方法相比，以模型为中心的方法特色在于，模型的表达、开发和成果都是以"计算机能够使用"为主，而不是以工程师为主。

传统的实践倾向于依赖多个独立的模型，从而导致互不相关的系统表达。这些模型通常是各学科（如机械、电气、热学等）专有的模型，它们可能在工程师的意识中是相互连接的，但只有通过人类的劳动才能使它们真正相互关联和相互一致。基于 MBSE 方法建立的统一模型，可以开展多学科多领域的协同设计。

MBSE 给出了从互不相联的系统表达到集成系统模型形式转换的范式，即使用形式化的系统模型描述系统工程活动及其相应产品技术开发过程，并使用形式化方法管理项目开发过程。由于形式化模型可以经受完整性、准确性和一致性的正式测试，因此 MBSE 的集成系统模型可以作为一种改进的方法用于分析系统架构，提供在项目寿命周期早期对问题进行检测的能力。形式化的系统模型之所以具有上述优点，是因为它具有更高的严格性和灵活性，因为 MBSE 既能被人类理解又可以被计算机理解。

基于模型的系统工程强调将系统的各个方面以模型的形式进行抽象和表达，使得系统工程师可以更加直观地理解系统，并在模型上进行各种分析、优化和决策。它具有可视化、集成化和协同化的特点，可以促进不同领域专家之间的合作与沟通。

### 5.1.1　MBSE 三要素

MBSE 的三要素即建模语言、建模工具和建模方法，它们在系统工程中起着至关重要的作用。建模语言提供了形式化的表达方式，建模工具提供了创建、编辑、分析和管理系统模型的工具支持，而建模方法则指导工程师如何有效地使用这些工具和语言来完成系统工程的各项任务。这三要素相互联系、相辅相成，共同支持系统工程的各个阶段和任务，对于提高系统工程的效率和质量具有重要意义。

#### 1. 建模语言

建模语言是描述系统模型的符号和规则的集合，用于捕捉系统的结构、行为和性能。它提供了一种形式化的表达方式，使系统工程师能够以一种精准、清晰的方式来描述和分析系统。它具有以下特点。

1）形式化：建模语言通常是形式化的，具有明确的语法和语义规则，以便计算机可以理解和处理。

2）抽象性：建模语言可以对系统进行不同层次的抽象，从整体到细节，以便于系统工程师的理解和分析。

3）多样性：建模语言可以根据系统的特点和需求选择不同的语言，如统一建模语言（UML）、系统建模语言（SysML）等，以满足不同领域和目的的建模需求。

## 2. 建模工具

MBSE 建模工具是基于模型的系统工程方法中重要的支撑工具，用于构建、管理、分析和优化系统模型。这些软件通常提供了可视化建模界面、模型库、仿真、分析等功能，可以帮助系统工程师更好地理解系统，并进行各种分析和优化。

这里介绍两种 MBSE 建模软件。

1）Enterprise Architect（EA）：由 Sparx Systems 公司开发，作为 MBSE 的建模支撑工具，EA 能够全面支持 MBSE 相关的建模、仿真、文档生成、代码生成、模型跟踪和管理工作。图 5-1 所示是基于 EA 实现 MBSE 的功能架构。EA 具有以下特点。

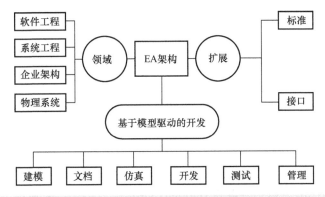

图 5-1　基于 EA 实现 MBSE 的功能架构

① 支持多种建模语言：Enterprise Architect 支持多种建模语言和标准，包括 UML（统一建模语言）、SysML（系统建模语言）、BPMN（业务流程建模与标记）、DMN（决策建模与标记）等。这使得它成为一个通用的建模工具，适用于不同领域和行业的系统工程建模。

② 可视化建模界面：Enterprise Architect 提供直观易用的可视化建模界面，通过图形化的方式展示和编辑模型。用户可以使用各种图表和符号来表示系统的结构、行为、交互等，方便理解和沟通。

③ 丰富的模型库和模板：Enterprise Architect 内置了丰富的模型库和模板，包含了常用的系统工程元素和模式。用户可以根据自己的需求选择适合的模型元素，快速构建系统模型，并可以创建自定义的模型库和模板，以便重复使用。

④ 集成仿真和分析：Enterprise Architect 提供了强大的仿真和分析功能。用户可以使用内置的仿真器对系统模型进行验证和测试，评估系统性能和行为。此外，还可以进行模型检查、需求跟踪、冲突分析等多种分析操作，帮助发现和解决问题。

⑤ 团队协同：Enterprise Architect 支持多人协同工作，多用户可以同时编辑和查看系统模型。它提供了集成的版本控制功能，可以跟踪和管理模型的变更历史，确保团队成员之间的协同效率和模型一致性。

⑥ 生成文档和报告：Enterprise Architect 可以根据模型自动生成各种文档和报告，包括需求文档、设计文档、用户手册等。用户可以根据需求定制文档模板，灵活地生成需要的文档输出。

⑦ 支持插件和扩展性：Enterprise Architect 支持插件和扩展，用户可以根据自己的需求安装和使用第三方开发的插件，扩展工具的功能和能力。

2）Simulink 是一种基于图形化模型的仿真和建模工具，广泛应用于控制系统设计、信号处理和多领域系统建模等领域。它是 MathWorks 公司的产品，与 MATLAB 紧密集成，提供了一种直观且易于使用的方式来建立、仿真和分析复杂的动态系统。Simulink 是一种功能强大、易于使用的图形化建模和仿真工具，适用于多领域系统的设计和分析。它提供了丰富的模块库、仿真和验证功能，支持代码生成和与 MATLAB 的紧密集成。通过 Simulink，用户可以快速搭建系统模型、进行仿真和验证，加快系统开发的速度和提高设计的质量。

在产品开发过程中，有多种几何建模工具，如 UG、Creo、CATIA 等软件，有多种有限元分析软件，如 Ansys、Abaqus、Nastran 等。这些模型可通过参数调用，成为系统模型的一部分。

### 3. 建模方法

目前主流的 MBSE 方法论有 IBM Harmony SE 方法论、No Magic MagicGrid 方法论、Thales Acradia 方法论。这些 MBSE 方法论确定了建模要求、分析内容、分析步骤等。

（1）IBM Harmony SE 建模方法

IBM Harmony SE 是 IBM 公司提出的基于 SysML 的 MBSE 方法论。其整个流程分为三个部分：需求分析、功能分析、设计综合（架构分析与设计）。IBM Harmony SE 方法论遵循美国国防部系统工程流程，按照需求、功能、架构三个层次展开。IBM Harmony SE 方法论强调对 SysML 活动图、顺序图、状态图三种行为图的依次建模，减弱了参数图的重要性。2017 年，IBM 公司将 Harmony SE 方法论升级为 Harmony aMBSE 方法论，更强调了敏捷迭代开发、灵活的建模顺序以及数据模式建模。

（2）No Magic MagicGrid 建模方法

No Magic MagicGrid 是 No Magic 公司（2018 年被 Dassault 公司收购）提出的基于 SysML 的 MBSE 方法论。之所以叫 MagicGrid，是因为整个方法论是以矩阵的形式展示的。MagicGrid 方法论纵向按照需求、行为、结构、参数（即 SysML 的四方面关键信息）分为四列，横向则分为问题域（包括白盒和黑盒）和解决域。流程从需求分析开始，依次定义系统的黑盒功能和结构、白盒功能和结构、系统的参数约束，最后提出系统的解决方案。MagicGrid 只强调活动图这一种行为图的建模（虽然其工具支持三种），但是重视参数图的建模。

（3）Thales Acradia 建模方法

Thales Acradia 是 Thales 公司为 Capella 语言和工具创建的 MBSE 方法论。虽然 Acradia 没有使用国际标准的建模语言，而是使用了 Thales 自己定制开发的 Capella 语言，但是由于 Thales 公司本身丰富的航电系统研制背景，该方法论也具有很高的实用性，所以获得了很多拥趸。Acradia 方法论分为四部分：需求分析、功能分析、逻辑架构设计、物理架构设计。其中需求分析定义用户的要求，功能分析定义系统的功能和性能要求，逻辑架构设计和物理架构设计定义系统的实现方式。

### 5.1.2 MBSE 协同设计

在现代系统工程中，设计任务变得越来越复杂，往往涉及多个学科领域和多个团队的合作。为了提高设计效率和质量，需要采用一种协同设计方法，能够使不同学科领域的设计师进行有效沟通和协作。基于模型的系统工程很好地解决了传统的"孤岛式设计"存在的问题，它以系统模型作为中心，促进各学科领域之间的协作。MBSE 协同设计有如下特点。

1）多学科领域的协作：MBSE 协同设计可以促进多学科领域之间的沟通和协作。通过使用统一的模型作为交流工具，设计团队可以更清晰地理解并整合各自的设计方案，以达到更好的系统设计目标。机械、电子、热学领域的模型，如几何模型和有限元分析模型，都可采用 UML、SysML 等建模语言进行描述，形成统一模型。

2）统一的可视化表示：MBSE 协同设计使用统一的模型作为设计交流的工具，使学科专业领域之间的设计信息能够通过一致的、易于理解的可视化表示进行交流。这种方式降低了沟通成本，提高了设计效率和准确性。

3）自动化的模型管理：MBSE 协同设计采用自动化的模型管理方法，可以支持对模型的版本控制和共享。模型中有多个参数，参数值发生改变，模型的结果会随之发生改变。不同团队之间可以通过远程访问统一的模型进行设计交流，使得设计过程更加灵活、高效。

4）实时的协作环境：MBSE 协同设计可以提供实时协作环境，即多用户可以同时在同一个模型上进行编辑和交流。这种方式支持团队之间的实时沟通，提高了设计效率和准确性。

5）减少错误和冲突：MBSE 协同设计可以避免设计信息的冲突和重复，从而降低工作量和错误率。通过使用模型验证技术，可以在早期发现系统设计中的问题，降低后期修改成本。

综上所述，MBSE 协同设计是一种能够提高多学科领域之间协作效率和设计质量的方法。它通过使用统一的模型作为设计交流工具、实现自动化的模型管理和提供实时协作环境等特点，使得团队之间的设计信息交流更加高效、准确和便捷。在未来的系统工程中，MBSE 协同设计将成为越来越重要的设计方法。

随着汽车技术的不断进步和发展，现代汽车的设计和制造涉及众多领域的知识和专业技能，涉及复杂的相互关联和约束。为了解决这些挑战，汽车开发需要进行协同设计。

协同设计可以帮助不同团队之间更好地协作和沟通，从而确保各个子系统在整车水平上协调一致。现代汽车包含众多的子系统和部件，涉及机械设计、电子控制、材料科学、工程力学等多个领域的知识。不同团队可以通过协同设计共享信息和协作，以确保各个子系统在整车水平上协调一致。

汽车市场对于不同类型的汽车有着多样化的需求，例如传统燃油汽车、电动汽车、混合动力汽车等。此外，不同地区和市场也有着不同的需求和法规标准。协同设计可以帮助汽车制造商更好地理解和满足这种多样性。通过协同设计，不同团队可以更好地共同工作，以确保汽车设计能够满足不同市场和地区的需求。

汽车开发中各个方面相互影响和约束，例如安全性要求对车辆结构和材料提出挑战，底盘设计会影响车辆操控性和乘坐舒适性，电气架构对于车辆的智能化和功能实现至关重要。协同设计可以帮助不同团队更好地理解这些相互影响，确保设计满足所有方面的需求。通过协同设计，不同团队可以在整个汽车设计过程中协作共同工作，以确保汽车的各个方面都可以得到充分考虑。

汽车开发通常是一个非同步的过程，涉及多个团队、多个阶段和多个地点。协同设计可以帮助不同团队在不同时间和地点共同工作，通过即时的数据共享和协作工具实现信息同步。通过协同设计，不同团队可以更好地共享信息和解决问题，以确保汽车设计和制造能够达到最佳状态。

综上所述，汽车开发需要进行协同设计是为了应对复杂性和多样性带来的挑战，并确保在安全性、质量、能耗、环保、NVH、电气架构、底盘等多个方面达到高标准。汽车开发协同设计模型如图 5-2 所示。通过协同设计，不同团队可以更好地共享信息、协作工作，从而确保汽车的设计和制造能够达到最佳状态。这是一个不断发展和创新的过程，会在未来继续推动汽车技术的进步和发展。

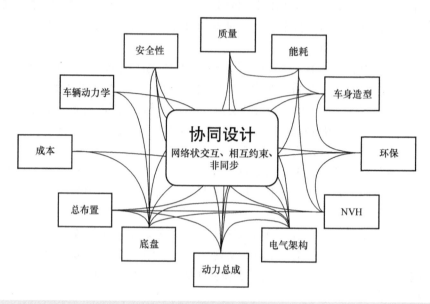

图 5-2 汽车开发协同设计

## 5.2 基于模型的系统工程理论和方法

基于模型的系统工程方法可用于产品开发全过程。产品开发需要满足不同利益相关人的需求，因此设计人员通常采用需求驱动的模型设计方式，如上海飞机设计研究院采用基于需求的工程方法实现复杂系统的辅助研发。但大多需求驱动的系统设计方法所采用的框架仅支持单一学科，无法解决多学科的复杂问题。

为提高多学科协同设计的效率，将机械、电气、软件、控制等众多领域知识交叉融合，设计师在需求（Requirement）到物理（Physical）的映射环节中加入功能（Functional）和逻辑（Logical）的定义，构建 RFLP 的系统工程架构，如图 5-3 所示，即涵盖需求、功能、逻辑和物理架构的设计流程，保证系统概念设计阶段中异构需求的可追溯性。功能和逻辑由 MBSE 方法建立，各个领域的专家都能看懂。而各领域的模型可通过参数调用进入统一模型。

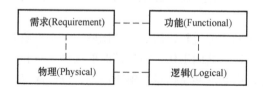

图 5-3 RFLP 的系统工程架构

需求分析（R）提供开发产品的背景原因，负责采集各利益相关人的需求；功能分析（F）提供系统要实现的目标视图，让开发人员从功能角度分析系统如何工作来完成上述目标；逻辑分析（L）定义实现上述功能的方式，通过描述功能活动随时间的变化情况对系统进行行为分析，并比较研究这些行为是否达到系统需求；系统的架构设计支持系统的物理结构（P）设计，以满足系统的逻辑结构，最终得到系统的各个组件，以及满足系统各项需求的各组件参数。产品设计出发点来自于各利益相关人的需求，通过需求描述收集各方需求，进而定义系统的功能以满足多样的目标，然后通过系统的逻辑关联，对产品进行性能验证，进而进行详细的物理结构设计。采用这样的方式可以减少物理样机的成本，并缩短设计周期，提高设计效率。

### 5.2.1 需求分析

需求分析是一个发现、理解和整理利益相关者对于产品的需求和期望的过程。其主要目标是精确地捕捉、解读并展示客户、用户和其他利益相关者的需求，进而将这些需求整理成为一组详尽的产品需求。为了取得理想成效，必须检验产品需求集是否具备良好的需求特性，如必要性、明确性、完整性、一致性、正确性、可行性以及可验证性，并检验其是否真实地表达了符合利益相关者的期望。

利益相关者通过需求和要求表达他们对产品的期望。需求代表了利益相关人希望产品解决的问题或抓住的机遇，而要求是利益相关人定义的顶级产品要求，用于传递对产品的期望，是为了满足他们的要求。通常，利益相关者的需求用自然语言表达，不使用"应当"，而利益相关者的要求使用"应当"来确保他们被视为产品必须满足的约束性要求。在定义产品需求之前，首先需要定义和理解利益相关者的需求和要求，产品将按照这些需求进行设计和构建。由于有多个利益相关者，存在多套利益相关者的需求和要求。所以项目团队需要去识别这些需求和要求，并解决冲突、不一致和其他问题。最终确定的一套需求必须能准确地代表利益相关者对产品的要求，用以指导产品的开发。

需求追踪对于需求分析过程至关重要。它被用来确保每个需求清楚地传达了其来源的意图。没有追踪，几乎无法知道软件产品是否满足了其利益相关者的需求、目标和约束。需求分析可能执行得非常完美，但如果没有追踪需求到其来源，就无法证明拥有完整、正确的需求集。因此，需求分析的最佳实践是确保每个需求都可以追溯到所对应的工作。这些工作包括产品设计、产品验证和产品确认。

需求分析过程通常包括以下七个步骤。

#### 1. 确定利益相关者

首先是准确地确定项目的关键利益相关者。这包括内部和外部的客户、用户、监管机构，以及参与产品开发的所有利益相关者。利益相关者是产品必须满足的需求和要求的来源。

#### 2. 收集利益相关者的需求

在这个需求分析过程中，团队与利益相关者合作，确定他们的需求和要求。

#### 3. 需求建模

团队可以通过创建需求图表，表示出需求和产品功能的对应关系，这些图表用于向利益相关者征求反馈，并在定义和确定产品功能前解决功能与需求的冲突和不一致等问题。

**4. 回顾**

项目团队会回顾在需求收集、图表制作和建模过程中收集的数据和信息。特别关注理解驱动因素和约束，以更好地理解开发产品的可行性和风险，评估是否有遗漏的内容，以及设定预算和时间表。

**5. 定义一套需求集**

项目团队需要确认一套完整的利益相关者需求集合，以反映他们对产品的期望、目标、驱动因素和约束。

**6. 定义产品需求**

在此阶段，团队整合针对产品设计和构建的需求。好的需求的标志是具有良好的结构性特征。团队成员都应了解如何编写优质需求。

**7. 批准和设定基线**

需求分析过程的最后一步是获得所有主要利益相关者（或利益相关者团体的代表）对整合的要求集和衍生的产品需求集的审批。这份正式的协议确保了每个人都清楚按照什么标准去验收和测试产品，以及预期的成本和时间表，有助于避免后续产品开发过程中出现需求理解不一致和项目范围扩大等问题。

## 5.2.2 功能分析

在进行功能分析时，首先需要将总体需求逐级分解为更具体和可操作的子需求。这可以使用工具（如需求树、需求图等）来可视化需求之间的层次关系，从而更好地理解和管理需求。

根据已分解的子需求，需要识别系统需要具备的各个功能。每个功能应该是系统能够执行的一个特定任务或操作。例如，对于一个汽车系统，有加速、制动、转向等功能。

对于每个确定的功能，需要编写详细的功能描述以确保明确的定义。每个功能描述应包含输入、处理和输出三个方面的信息。输入部分指明功能所需的输入数据或信号，以及输入的格式和范围。处理部分指明功能执行的操作、算法或逻辑，以实现所需的功能。输出部分指明功能产生的输出数据或信号，以及输出的格式和范围。

进一步定义每个功能的特性和行为也是功能分析的重要步骤。这些特性可以包括性能要求、可靠性要求和安全要求。性能要求指的是功能在特定条件下需要满足的性能指标，如响应时间、处理能力等。可靠性要求指的是功能的可靠性要求，如故障率、可用性等。安全要求指的是功能对安全的要求，如防护措施、故障容忍度等。

分析功能之间的相互作用和依赖关系也是重要的一步。确定哪些功能是独立的，哪些功能需要依赖其他功能才能正常工作，有助于了解系统中各个功能之间的联动效应，并确保系统整体运行的一致性和完整性。

在功能分析过程中，功能追踪和管理也是必不可少的。需要跟踪和管理每个功能的状态和进展，确保设计和实现与需求保持一致。使用工具和技术来进行功能的变更、版本控制和配置管理，以及了解变更对其他功能的影响。

通过详细地定义和描述系统的功能和子功能，工程师能够更好地理解系统的需求和功能要求，并将其转化为可操作的设计和开发任务。这有助于确保系统的功能性能、可靠性和安全性，提高系统开发的质量和效率。这也有助于团队间的合作和沟通，确保所有成员对系统需求和功能的理解保持一致，促进项目的顺利进行和成功交付。

### 5.2.3　逻辑架构分析

在完善了系统功能建模后，应该进行逻辑架构设计。逻辑架构设计的主要任务是根据系统功能和交互需求，设计系统的逻辑架构，包括系统组件之间的关系和交互。同时，使用系统框图、逻辑体系结构图等工具来描述不同组件之间的连接，以及数据和控制的流动路径。确保逻辑架构满足系统的模块化、可扩展性和可维护性要求。

然后，对系统的每个逻辑组件进行详细设计，包括确定组件的功能、接口规范、内部数据结构和算法等。使用类图、状态机图等工具来描述组件的行为和关系，以确保组件之间的协调和一致性。同时，需要确定组件之间的接口规范，包括输入、输出和通信方式。使用接口定义语言（IDL）或其他形式的规范来明确定义接口，包括数据结构、消息格式、协议等。

接下来，需要分析系统中的数据流和控制流，以确保信息在逻辑组件之间正确传递和处理。使用数据流图、控制流图等工具来描述数据和控制的流动路径，以便发现潜在的问题并加以解决。为了确保设计满足功能需求并能够按预期工作，需要进行模型验证和仿真。可以使用模型检查、模拟测试等活动，以发现并修复设计中的错误和问题。

在逻辑设计过程中，识别和解决潜在的问题，优化设计的性能、可靠性和效率是必不可少的。通过逐步迭代和优化，可以改善逻辑设计早期的不足，并最终获得一个高质量的逻辑设计结果。

最后，需要将逻辑设计结果记录在逻辑设计文档中，包括系统的逻辑架构、组件设计、接口规范、数据流和控制流等详细信息，以便后续的实现和测试阶段使用。通过上述逐步的详细设计过程，MBSE逻辑设计能够有效地转化系统需求为可操作的逻辑表示，为后续的物理设计和实现提供了指导。这种方法有助于确保系统能够满足功能需求，并在整个开发过程中保持一致性和完整性。

### 5.2.4　物理架构设计

物理架构设计是系统工程中不可或缺的部分，它涉及系统的物理结构、硬件设备、传感器、执行器等物理实体的定义和优化。

物理架构设计的第一步是确定系统的物理架构。这需要对系统的功能需求和约束条件进行分析，然后将其转化为物理层面的要求。根据系统的功能和性能需求，需要确定系统的物理组件、子系统以及它们之间的关系。在这一阶段，还需要权衡和决策系统的可扩展性、可靠性和安全性等因素。

在确定系统的物理架构之后，需要对每个物理组件实体进行详细描述，包括名称、类型、功能、特性等方面的定义，以及实现物理组件所需的技术和资源，如硬件、软件、材料等。此外，还需要确定物理组件的尺寸、重量、功耗、工作温度等物理属性。

然后，针对每个物理组件实体，需要建立相应的模型来描述其特性和行为。这些模型可以包括几何模型、电路模型、材料模型等，用于支持进一步的分析和验证。模型还可以包括性能参数、控制逻辑、接口定义等信息，以支持后续的设计和验证过程。

最后，需要确定物理组件之间的接口规范，包括数据传输格式、通信协议、电气特性等。这一步骤至关重要，因为良好定义的物理接口能够确保各个组件之间的互操作性和协同工作。可以使用标准化的接口规范或者根据系统需求自定义接口规范。

**基于模型的系统工程在汽车开发中的应用**

汽车开发是一项复杂的系统工程。基于模型的系统工程方法可以应用于汽车开发的技术过程和管理过程。基于模型的系统工程方法是把复杂系统问题进行相对简单化的处理，让复杂问题的解决变得可控。基于模型的系统工程方法在汽车开发中的应用，首先是从用户需求出发，定义汽车功能要求，根据功能要求确定逻辑关系，对汽车进行设计开发，最后制造出汽车整车，进行需求验证。这要求建立汽车开发统一数字化模型，数字化模型中各参数定义保持一致性、准确性。数字化模型中体现了各种需求，以及满足需求的功能设计、逻辑设计以及产品设计，这些模型都经过数字化、参数化。

前面各章介绍的汽车开发流程和开发管理，实际上采用了传统的系统工程方法。在汽车开发过程中，从用户需求出发，按照汽车开发流程进行相关的开发工作。随着数字化技术的发展，基于模型的系统工程在汽车开发过程中的应用，把相关的产品设计、产品开发管理都模型化，可以达到降低车辆开发风险、减少开发成本和周期的目的。

基于模型的系统工程是一种综合的、跨学科的方法论，旨在整合不同领域的知识和技术，以实现整车开发过程的优化和协调。汽车作为复杂的机电一体化产品，其开发涉及诸多领域，包括机械设计、电子控制、材料科学、工艺制造等多个方面。基于模型的系统工程的引入能够帮助汽车企业更好地组织和管理开发过程，确保产品质量、降低成本、缩短开发周期，从而提高企业的竞争力。

基于模型的系统工程的汽车开发是一种系统化、整体化的方法，它以满足整车性能和功能需求为目标，通过对整车系统进行综合分析、综合设计、综合优化和综合管理，以协调各个子系统、部件和组成部分之间的关系，最终实现整车性能、质量、成本、可靠性、安全性等方面的要求。基于模型的系统工程的汽车开发，衔接了需求维、技术维、管理维、经济维这四个维度。首先是需求维，如何紧跟市场用户需求来开发产品；第二个维度是技术维度，如何通过需求逐渐开发产品；第三个是管理维，在整个研发过程中，从系统架构到子系统，到设备和零件，然后集成为整车，如何把整个过程管理起来；第四个是经济维，如何在整个过程里管控经济因素、成本优势等。对于传统汽车开发，这些内容都是割裂开来的，每个维度都是靠人实现的，如果没有 MBSE 方式方法，只能低效率地进行这四个维度的工作。

### 5.3.1 汽车开发 V 模型

系统工程的 V 模型于 20 世纪 80 年代开发，用于明确构成系统工程方法的特定步骤序列。虽然它最初是在敏捷环境之前使用的，但是它在今天的产品开发中仍然有相关性，可以实现更快、风险更低的产品开发。

V 模型让系统工程师从多个视点评估系统在集成时的表现。这种方法从期望的结果和目标开始，然后将它们分解为单独的系统和系统组件，以便于设计。一旦需求和设计细节确定，就可以测试和评估各个系统，然后将其集成到总体部件中进行测试和验证。当系统集成并接近最终的复杂系统时，团队有多次机会来验证和检验概念、需求和设计。

对于系统工程师来说，V 模型可以提供一个清晰的路线图，允许将复杂系统分解为更小的部分，然后重新集成和重组成一个连贯的整体。通过将系统分解为单个组件，追踪性、需求管理以及测试和验证变得更容易管理。此外，当这些部分重新集成为一个整体系统时，V 模型允许进行迭代过程，这将更清楚地显示潜在的风险，并帮助解决问题。汽车开发系统 V 模型如图 5-4 所示。

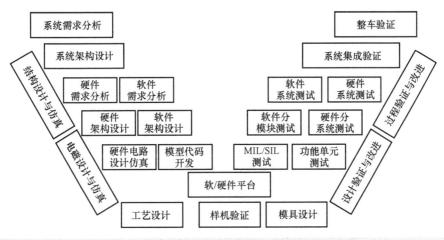

图 5-4　汽车开发系统 V 模型

### 1. 系统需求分析

在汽车开发的 V 模型中，需求分析阶段被认为是整个开发过程中的第一步，也是非常关键的一步。该阶段涉及整个开发团队与客户和市场部门的密切合作，以确保对汽车产品需求的准确理解，并将这些需求转化为可执行的任务和规格。

首先，需求收集与整理是需求分析阶段的开始阶段。在这个阶段，开发团队需要与客户、市场部门以及其他利益相关者进行沟通，以收集汽车产品的各项需求。这些需求可能涉及功能性需求（如车辆性能、驾驶体验等）、非功能性需求（如安全性、可靠性、可维护性等）以及法规和标准要求。通过与利益相关者的深入交流，可以确保团队对需求有一个清晰的理解。在收集完需求之后，团队需要对需求进行整理和分类，并明确每个需求的优先级和相互之间的关联性。这有助于后续工作的展开，并帮助团队更好地理解客户的期望和要求。

其次，需求分析与建模是需求分析阶段的核心工作。在需求收集与整理的基础上，开发团队需要对需求进行更深入的分析与建模。当将需求转化为系统级别的需求模型时，通常采用的方法包括用例图、需求表达式和需求追踪矩阵等。通过建立这些模型，团队可以更加清晰地了解到各项需求之间的关系，以及它们对整个系统的影响。在需求分析与建模的过程中，团队需要特别注意需求的一致性、完整性和可追溯性。一致性指的是需求之间不应该存在矛盾或冲突；完整性指的是需求应该覆盖到所有重要的方面；而可追溯性则指的是需要能够清晰地追溯每个需求的来源和影响。

最后，验证与确认是需求分析阶段的最后一步。在这个阶段，团队需要将建立的需求模型提交给客户和其他利益相关者进行验证和确认。客户会对需求进行评估，以确保其能够准确地反映客户的期望和要求。同时，利益相关者的反馈也可以帮助团队在后续的开发过程中进行调整和改进。需求分析阶段的工作贯穿整个汽车开发的 V 模型，它的质量和准确性直接影响着后续各个阶段的工作。因此，团队需要认真对待需求分析阶段的工作，确保能够准确理解客户的需求，为后续的设计、开发和测试奠定良好的基础。只有确保需求分析阶段的有效执行，才能最大限度地满足客户需求，推动汽车开发项目的成功。

### 2. 系统架构设计

系统架构设计是汽车开发 V 模型中的关键阶段之一，紧随需求分析阶段进行。该阶段的主要任务是根据需求分析的结果，进行系统的高层次架构设计，以确定系统的主要组成部分、功能划分和各部分之间的交互方式。它为后续的实施、测试和交付提供了重要的指导。

在系统设计阶段，项目团队首先进行高层次的架构设计。这意味着确定系统的整体结构、模块划分和组件关系等内容。通过高层次的架构设计，可以确保系统能够有效地组织和协调各个部分，达到整体的一致性和完整性。

其次，系统架构设计阶段需要确定系统的主要组成部分和功能划分。团队需要详细定义各个模块、组件或子系统的功能和责任，以确保每个部分都能够独立地完成特定的任务，并能够与其他部分相互协作。

在系统架构设计阶段，还需要确定系统内部各部分之间的交互方式，如数据传输、接口定义、消息传递等内容。通过明确定义各部分之间的交互方式，可以确保系统的各个部分能够有效地协作和通信，实现系统整体的功能。

系统架构设计阶段最重要的成果之一是系统架构设计文档。这个文档包括对系统架构的详细描述，包括系统的整体结构、模块划分、组件关系、接口定义和数据流程等内容。系统架构设计文档为开发人员提供了设计思路和指导，同时也为后续的开发、测试和维护工作提供了重要的参考依据。

此外，在系统架构设计阶段，还应该考虑系统的性能、安全性、可维护性和扩展性等方面。团队需要充分考虑这些因素，并在系统架构设计文档中进行充分的说明和论证。同时，选择适合的技术方案和设计模式对于系统整体的质量和可靠性也至关重要。

综上所述，系统架构设计阶段是汽车开发过程中不可或缺的关键阶段。通过认真开展系统设计工作，可以确保系统满足用户需求，具有良好的性能和可靠性，并为后续的开发、测试和交付提供有力支持。

### 3. 子系统设计

子系统设计阶段的详细设计工作是系统设计过程中的核心内容。通过合理的子系统分解和详细的设计工作，可以确保每个子系统能够满足系统需求并与其他子系统协同工作。这为后续的开发、测试和维护工作奠定了基础，确保整个系统能够高效、可靠的运行。详细设计工作的质量和有效性对于项目的成功实施具有重要意义。在子系统设计阶段，项目团队需要进行以下详细设计工作。

首先，根据系统设计阶段确定的系统架构和功能划分，将系统进一步细分为若干个子系统。这一步骤需要根据系统的复杂性和模块化程度来决定子系统的数量。每个子系统应该具有相对独立的功能，这样可以简化系统设计和开发过程。

其次，针对每个子系统，项目团队需要创建详细的设计文档。这些设计文档描述了子系统的内部结构、功能、接口等内容。设计文档通常包括子系统概述、子系统架构、功能设计、数据流程、接口设计、性能和可靠性设计、软件和硬件设计等方面的内容。这些设计文档将为后续的开发工作提供具体指导，确保每个子系统能够按照要求工作。此外，除了独立设计每个子系统，还需要确保子系统之间能够协同工作。这包括定义和明确子系统之间的接口规范，确保数据的正确传递和交互。同时，设计师之间需要进行充分的沟通和协调，以解决可能出现的子系统之间的冲突和问题。只有在子系统之间能够进行良好的协同工作，才能保证整个系统的顺利运行。

最后，在子系统设计阶段完成设计文档后，项目团队应进行验证和评审。通过验证，可以确保每个子系统的设计符合系统需求和设计规范。评审过程中，团队成员可以对设计文档进行审查，提出改进建议，并确保子系统之间的协同工作能够顺利进行。这个阶段的验证和评审确保了整个子系统设计的质量和可行性。

### 4. 模块设计

在汽车开发 V 模型的模块设计与实现阶段，项目团队将子系统进一步分解为模块，并对每个模块进行详细设计工作。这个阶段的目标是为每个模块编写设计文档，并进行相应的软件和硬件设计。

首先，项目团队会根据系统设计的要求，将子系统进一步分解为各个独立的模块。每个模块应该具有相对独立的功能和责任，这样可以简化系统的设计和开发过程。模块的划分应该合理，以便实现高内聚、低耦合的设计。

针对每个模块，软件工程师和硬件工程师需要编写模块级别的设计文档。这些设计文档描述了每个模块的内部结构、功能、接口等内容。对于软件工程师而言，设计文档通常包括模块概述、模块结构、模块接口、模块功能等方面的内容。对于硬件工程师而言，设计文档通常包括模块的电路原理图、元器件选型、尺寸规划等方面的内容。这些设计文档将作为指导和参考，确保每个模块能够按照要求进行设计和实现。

根据设计文档，软件工程师开始编写源代码。根据模块设计的要求，软件工程师使用适当的编程语言和工具，逐步实现模块的功能。在编写源代码的过程中，软件工程师需要遵循良好的编码规范和设计原则，确保代码的可读性、可维护性和可扩展性。与此同时，硬件工程师进行硬件模块的设计。根据模块设计的要求，硬件工程师使用适当的电路设计软件，绘制模块的原理图、布线图等。在硬件设计过程中，硬件工程师需要考虑电路的稳定性、功耗、温度等因素，并根据需要选择合适的元器件。

模块设计与实现阶段是汽车开发过程中关键的一步。通过详细的模块设计文档，软件工程师可以根据要求编写高质量的源代码，实现各个模块的功能。硬件工程师则可以根据设计文档进行硬件模块的设计和实现。这些设计工作奠定了最终产品的基础，确保汽车系统的各个模块能够相互协同工作，实现整车的功能和性能要求。

### 5. 单元测试

汽车开发 V 模型的单元测试阶段是在完成模块设计与实现后，针对每个模块进行单元测试，以验证模块是否满足其设计要求。该过程可以分为以下几个步骤：首先，项目团队需要编写针对每个模块的测试用例，覆盖输入数据、预期输出和边界条件等，以确保对模块的功能进行全面测试。接下来，开发人员执行单元测试，利用各种测试工具和框架验证模块是否按照设计要求正常工作，并尽可能地覆盖各种情况，包括正常、异常和边界情况。同时，记录测试结果，包括通过的用例、失败的用例和错误信息，以便快速定位和修复问题，并确保模块质量和完整性。此外，项目团队还需要编制单元测试计划，明确测试范围、方法、资源和计划安排等，确保与模块级别的设计文档和测试用例相一致，并全面覆盖每个模块的测试需求。最后，生成单元测试报告，记录测试的执行情况、结果和发现的问题等，以进行分析和评估，通常包括通过率、失败率和测试用例覆盖率等指标，以评估单元测试的质量和完整性。通过以上步骤，可以确保模块的质量和整体系统的稳定性。

#### 6. 集成测试

在汽车开发 V 模型的集成测试阶段，项目团队将各个模块组合成子系统，并进行集成测试。此时，所有模块的单元测试都已完成，每个模块均已经过验证，但是还需要对每个子系统进行测试，以确保它们能够协同工作，并在符合要求的情况下实现预期的功能。

在集成测试阶段，测试人员需要编写并执行集成测试用例，通过对子系统之间的接口和交互进行测试，来验证系统是否能够实现设计要求。测试人员需要测试各个子系统之间的数据传输和通信是否顺畅，是否能够正确处理各种异常情况，并检查是否存在性能瓶颈或兼容性问题等。测试人员还需要记录测试结果和发现的问题，以便后续进行分析和修复。此外，在集成测试阶段，项目团队也需要编制集成测试计划和集成测试报告，明确测试范围、方法、资源和计划安排等，以确保与子系统级别的设计文档和测试用例相一致，并全面覆盖每个子系统的测试需求。同时，集成测试报告需要记录测试的执行情况、结果和发现的问题等，以进行分析和评估，通常包括通过率、失败率和测试用例覆盖率等指标，以评估集成测试的质量和完整性。

在集成测试阶段顺利完成后，项目就可以进入系统测试阶段，对整个系统进行综合性能、功能、兼容性等方面的测试，并最终进行验证和验收。

#### 7. 系统测试

在汽车开发 V 模型的系统测试阶段，项目团队将对整个系统进行全面的综合性能、功能、兼容性等方面的测试。系统测试的目标是确保系统能够满足客户需求，并达到规定的质量标准。

在系统测试阶段，测试人员会根据系统测试计划编写并执行系统级别的测试用例。这些测试用例涵盖了系统的各项功能和性能指标，以及与其他系统或设备的接口和兼容性测试。测试人员会模拟真实的使用环境和场景，通过对系统进行各种正常和异常操作，来验证系统是否能够正常运行并产生正确的结果。

系统测试阶段还包括对系统的性能进行评估和测试。测试人员会对系统的响应时间、吞吐量、稳定性等性能指标进行测试，并与需求规格说明书中定义的性能要求进行比较。他们也会测试系统在不同负载和压力条件下的表现，以确保系统能够在各种情况下保持良好的性能和可靠性。此外，系统测试还将关注系统的兼容性。测试人员会验证系统与其他相关系统、设备或软件之间的互操作性，以确保系统能够与其他组件无缝协同工作，并且能够正确地处理数据交换和通信。

在系统测试过程中，测试人员将记录测试结果和发现的问题，并编制系统测试报告。该报告包括测试的执行情况、测试结果、问题列表以及对系统测试的评估和建议等内容。这些信息将帮助项目团队分析系统的质量状况，并确定是否需要进行进一步的调整和优化。

#### 8. 验证与验收

在汽车开发 V 模型的验证与验收阶段，主要是将整个系统进行验证和最终的验收。这个阶段的目标是确保系统能够满足客户需求，并通过一系列的验证和验收活动来评估系统的质量和功能性。根据验证和验收的结果，项目团队可能需要对产品进行相应的调整和优化，以确保系统能够满足客户的需求并通过验收标准。完成验证和验收后，项目团队将正式交付产品给客户或使用者。

首先，在验证阶段，将对系统进行验证，即验证系统是否满足预定义的需求。验证活动包括执行各种测试用例，检查系统的功能、性能、可靠性等方面是否符合需求规格说明书中定义的要求。此阶段产生的文档主要为验证测试计划和验证测试报告，其中记录了测试的执行情况、结果以及问题列表。

接着是验收阶段，客户或第三方机构将对整个系统进行验收，以确定系统是否符合预期并满足特定的验收标准。在验收过程中，客户或第三方机构会执行一系列的验收测试，包括功能测试、性能测试、兼容性测试等，以确保系统能够正常运行并满足用户需求。验收阶段产生的文档主要为验收测试计划和验收测试报告，其中包括了验收的执行情况、结果以及对系统的评估和建议。

验证和验收阶段的结果将直接影响产品的最终交付。如果系统未能通过验证和验收，项目团队需要对产品进行调整和优化，直到满足客户的需求和验收标准为止。一旦系统成功通过验证和验收，项目团队将正式产品交付给客户或使用者，并完成整个汽车开发 V 模型的过程。

### 5.3.2　基于 MBSE 的汽车开发信息化平台

基于 MBSE 的汽车开发平台，把汽车开发的技术过程和管理过程进行集成，形成统一的信息化平台，在汽车开发中起到越来越重要的作用。

基于 MBSE 的汽车开发过程，首先要做整车级的 V 模型，然后把整车分为多个子系统，建立系统级的 V 模型，然后，每个子系统由多个零件构成。

每个 V 模型都包括需求定义、架构模型开发、需求分解、设计和优化、验证和确认等过程。整车级 V 模型中，首先是定义整车开发需求，整车要满足环保、法规、市场、制造、成本、售后等方面的需求；为了满足这些需求，要对车辆的架构进行设计，对车辆的开发平台、动力总成、总布置、底盘等进行设计。然后，提出整车各系统的要求；根据初步的性能，对整车性能做设计和优化；在整车集成阶段，对整车进行虚拟验证，看是否能够满足整车设计的需求。

系统级 V 模型中，每个子系统的需求都来源于整车需求的分解，因此要将整车性能要求分解到对每个系统的要求。根据整车对该子系统的要求，进行初步的架构设计、零件设计，通过估算、数模和性能计算，在多种方案中确定最优方案。子系统由多个零件构成，把系统的设计要求分解到对每个零件的设计要求，然后根据零件情况，对子系统进行优化，并进行验证和确认。根据子系统对该零件的性能要求，开展相关具体设计。也要对其性能做评估、分析，看是否能够满足设计要求。

基于模型的系统工程的汽车开发本质上是一个汽车开发信息化平台，提供表达、传递、优化、分析、验证、确认、决策等功能，以提升汽车开发的效率和质量。

1）表达：汽车开发设计相关要素的模型化表达，包括需求模型、特征模型、功能模型、架构模型、仿真模型、结构模型等。这个系统平台不仅包括管理方面的信息，还包括设计方面具体工作的信息。

2）传递：设计接口控制要求，及时发放到各领域部门，并更新、跟踪和管理或设计状态。这个信息化平台能够给各部门推送必要的信息。对推送的信息内容进行了控制，以满足权限要求。

3）优化：设计变更后能立刻获得相关领域影响分析结果，并及时获得领域反馈，达到全局最优。设计过程中不可避免地会发生变更，系统能够识别变更影响的部门，推送必要信息并获取相关技术人员和部门的支持。通过获取必要的反馈，对结果进行分析比较，从而获得最优的结果。

4）分析：快速收集待分析对象、流程驱动领域专家的协同设计。系统有信息推送功能，遇到问题，可以按照预定流程把信息和任务分配到相应的设计人员或专家，让设计人员和专家协同设计。

5）验证：精细化规划验证过程，跟踪和管理验证状态，通过问题驱动设计更改和优化。在信息化平台中容易进行精细化、具体化的验证方法和验证步骤，收集验证信息，并推送给相关领域专家，能够获得快速的反馈，以便确认或设计优化。

6）确认：获得全面设计相关数据，驱动多领域/负责人确认和反馈意见。根据设定的流程，推送相关报告，让领域负责人确认，并提交反馈意见。相关人员可以看到确认和反馈信息，做出必要的反馈。

7）决策：在系统涉及的上下文环境中，基于目标达成情况，让决策过程清晰化。信息化系统可以根据一些数据的统计，来为决策提供依据。

产品开发信息化平台框架如图5-5所示。

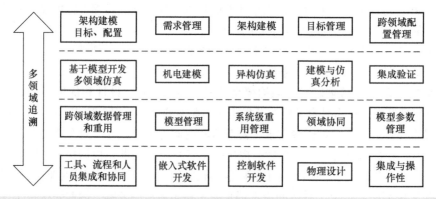

图 5-5　产品开发信息化平台框架

这种架构可以把汽车开发过程中的人员、工具、流程、结果等集成到一个系统平台之中，每个参与人员都能得到所需要的数据，清楚自己要做的工作，熟悉相关开发流程，并能集合大家智慧，快速开发出新车型。这个系统包括架构建模、基于模型的多领域仿真、跨领域的数据管理重用、工具流程和人员集成和协同等。

基于模型的系统工程项目关键问题解决方案如图5-6所示。基于模型的系统工程的方法，可开发出信息化平台，这个信息化平台有多种跨领域的功能模块，是一种项目管理问题的解决方案。这套方案聚焦业务价值，在完整的上下文中理解多学科设计的影响，每个参与人员可以获知必要的信息，开展协同设计；模块化架构和接口定义增加了子系统设计重用，很多车型的子系统是类似的，模块化的架构和接口有利于多车型开发；开发进度驱动的持续集成和产品数据成熟度评估有效缩短了产品开发时间；多学科集成架构提高了早期集成问题的可视化水平；闭环仿真和试验提高了仿真精度等。

每个功能模块支持模块化架构定义，能够闭环仿真，采用统一的数据模型，可实现需求管理、验证管理、变体管理、变更管理、问题管理等。

功能模块包括：①需求创建管理、需求分解管理、需求发布管理、需求验证管理；②库资源管理、系统建模逻辑管理、变体和配置管理；③变更管理、问题管理、接口管理；④计划与任务管理。

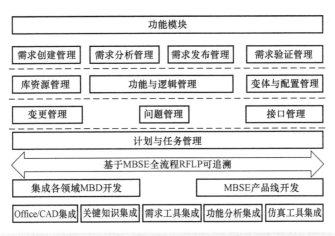

图 5-6　基于 MBSE 的关键问题解决方案

这个系统可以集成设计开发工具和知识、经验，包括 Office/CAD 集成、关键知识集成、需求工具集成、功能分析集成、仿真工具集成等。这类汽车开发信息化系统可实现全开发流程的可追溯性，包括系统集成领域模型开发、产品开发管理等。

整车开发数据平台建立后，就建立了 MBSE 数据管理结构，包括多级的 MBSE 数据结构以及 MBSE 知识库。MBSE 知识库包括需求库、功能模型库、逻辑模型库、物理架构库（由系统方案库、组件方案库等组成）、可测量属性库等。新项目开始之前，可通过复制预先定义的上层结构模板快速搭建 MBSE 数据框架；成熟项目开发可基于实例项目或项目模板库进行复制，在此基础上进行新项目的更新。在开发过程中，可从 MBSE 知识库引用现有的需求、功能、逻辑、物理知识模型或方案，进行各领域系统研发工作。

由于整个系统包括了企业的核心知识和管理流程，因此这个系统的保密性就成为企业非常关注的问题，企业可能会希望内部开发这个系统。

### 5.3.3　大数据驱动汽车开发管理决策优化

采用基于模型的系统工程可以把用户需求模型化，把决策过程通过功能化、逻辑化建立为模型，可进行推演分析，通过大数据获取用户需求，采用决策模型的推演来实现开发管理决策优化。大数据指无法在一定时间范围内用常规软件工具进行捕捉、管理和处理的数据集合，是需要新处理模式才能具有更强的决策力、洞察发现力和流程优化能力的海量、高增长率和多样化的信息资产。

大数据在汽车开发决策优化方面的应用体现在：

（1）形成以客户需求为导向的协同网络

为应对市场的瞬息万变，将数字化、新的移动形式、新的商业模式平台融为一体，相互引流，为经销商的电子商务、客户提供数字化解决方案，也为获取潜在需求、协同研发提供了新要素。具体体现为：向经销商提供数字化展厅，展厅概念将数字化创新与固定零售的优势相结合，完全虚拟地展示了全系车型，并提供最高水平的个人建议和服务，客户在平板电脑或多点触控桌上配置自己的梦想汽车，并通过手指手势浏览菜单，制作属于自己的汽车，客户可以以近乎 1∶1 的比例体验汽车；在开展人性化的三维模型总体设计时，根据产品三维图形和加工工艺文本文档等大数据，推送场景有关的零部件实体模型、原材料数据信息和有关知识服务等。

（2）数据驱动开发管理决策优化

汽车研发以客户的需求为导向，而客户行为的海量数据是把握消费者需求的核心载体，因此顾客偏好、个性化行为所产生的海量数据是企业关注的重点。通过建立数字化展厅、移动出行等数字应用获取数据，采用 MBSE 方法，建立汽车开发管理决策的 MBSE 模型。

大数据驱动本质为从数字化应用、数字属性激活、应用价值转化三方面实现决策优化，如图 5-7 所示。

在开发决策方面，通过建立数字化展厅、移动出行等数字应用进行数据获取，从消费者情感感知和行为感知两个维度进行数据分析和处理，将抽象化的顾客偏好和行为特征具象化表达，激活数据的可预测性、速度性特征，在外部促进品牌间的协同合作，构建汽车开发协同网络，激发产品创新性，以实现企业产品和服务与消费者需求的价值融合，最终提升需求导向能力、需求响应能力，激发协同共创，实现开发决策优化，即开发方向准确、开发成本降低、开发价值效用高、风险小。

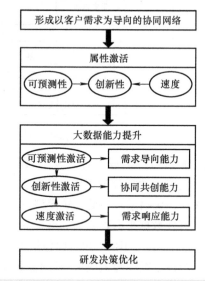

图 5-7 基于大数据的汽车研发决策优化

大数据驱动企业管理决策优化将全面提升企业使能价值创造，它在管理决策过程中的作用是通过观察、研究和实验来描述和展示管理对象的行为特征，揭示行为模式，解释行为的原因，在此基础上预测管理对象的行为变化，用适当的行动计划监测管理对象的行为来实现管理目标。

大数据驱动高层管理决策人员由"决策者"向"感知者"转变。大数据时代，决策者仍然是最重要的决策人。决策者的角色也随着大数据而改变。大数据使人们能够识别模式和原因，管理者应利用这些模式和原因来提供解决方案。大数据分析技术是基于预测性和规范性分析，通过挖掘历史数据的价值，对未来的情况和行动进行指导。因此领导者必须具备变革能力，才能适应决策的变化，形成数据驱动的企业文化。

## 5.4 汽车企业数字中台与应用

企业运用互联网、人工智能、大数据等新一代信息技术，建立企业数字中台，为企业的发展赋能，从而优化企业的组织管理、生产研发、供应链管理、市场营销、车辆售后等环节，探索新的商业模式，提高企业资源利用率，为企业的创新发展开辟新道路。

### 5.4.1 新一代信息技术概述

新一代信息技术主要包括物联网、大数据、云计算、人工智能、5G 技术和区块链等，这些技术相互结合应用，效果呈指数增长，共同推动企业的高速发展。

（1）物联网

物联网是通过无线通信技术和互联网实现的一个巨大的网络，能够容纳各种智能电子设备（包括以智能手机为代表的移动终端、各类信息传感器以及各种大型服务器和数据中心等）。物联网能够通过各类集成化的微型传感器相互协作进行实时监测、感知和采集各种环境或监测对象的信息。物联网将加速实现企业数字化，将分散的信息拉近，并集成对象和对象之间的数字信息，在运输物流、生产制造、智慧管理、供应链管理等方面具有非常广阔的市场和应用前景。

（2）大数据

随着信息技术的不断升级，人们收集、捕获数据信息的能力越来越强，涉及的方面也越来越广。在这种背景下，大数据的概念应运而生。大数据是一个数据集合，这个集合的规模过大，使用传统数据库软件已经无法进行高效的存储、管理和分析，必须使用新的处理模型才能挖掘出这些海量数据中的内在关系，从而发挥其蕴含的价值，科学指导人们的决策。

（3）云计算

云计算是与互联网、软件、信息技术相关的一种服务，其拥有强大的计算、存储和通信能力，通过软件的自动化管理可以在很短时间内完成对海量数据的分析处理。云计算的出现使得在较少人的参与下就能让大量资源被迅速提供和应用。

（4）人工智能

人工智能（AI）是研究、开发用于模拟、延伸和扩展人的智能的理论、方法、技术及应用系统的一门新的技术科学。人工智能可以对人的意识、思维的过程进行模拟，主要涉及人机对弈、模式识别、自动工程、智慧工厂等。

（5）5G 技术

5G 技术是第五代移动通信技术，是最新一代蜂窝移动通信技术，也是继 2G、3G 和 4G 系统之后的延伸。5G 的性能目标是高速率、低延迟、节能、降低成本、提高系统容量和大规模设备连接。

（6）区块链

区块链是一种利用自动化脚本在分布式架构和计算方法中编程和操作数据的全新的智能合约，各个分布式节点产生的数据以块链式的结构进行组织，并在各个节点进行存储、处理和更新，从而使数据得到加密保护，具有去中心化、开放透明、不可篡改、分布式存储等特性。

## 5.4.2　企业数字中台

数字中台是一个与前台和后台相对的概念，是前台和后台的中间层，并对二者进行连接，将其公共的工具技术进行梳理和集成以实现复用。

传统企业内部往往信息管理系统众多，管理相对独立，存储相对分散，传统的信息管理系统已经难以从规模上和效果上满足企业对数据服务的需求。为了整合数据资产并挖掘数据价值，数字中台应运而生。数字中台指的是一个综合性的数据服务能力共享平台，该平台实现了对数据的采集、交换、共享、融合以及组织管理能力，对数据进行进一步建模分析，最终服务于具体的应用。数字中台不是单个的信息系统或者软件，而是打通了整个生产管理环节的数据，是各类数据服务组件的集合。

数字中台的核心在于对数据利用链路的打通，让数据能够在研发设计、生产制造、营销物流、组织管理、产品服务与供应链间自由流动共享。通过数据中台对数据的聚集和共享，使企业各个部门之间能够更加融洽协同，加快企业的业务创新能力和对市场的响应能力。数字中台将成为各个车企新的数字基础设施平台，从而加快企业创新发展能力，同时降低创新成本。

数字中台具有以下基本特征。

第一，数字中台是数据的能力共享平台。由于企业传统的信息管理系统不互通，因此研发时的定义不同，功能也随之不同，当客户产生某些需求时，由于信息管理系统不同功能之间的数据需要耗费大量成本才能互通甚至难以互通，故数据无法实现共享，数字中台的应用开发更注重数据能力的共享性。

第二，数字中台是有机的一体化平台，不只输出技术能力，也输出数据能力、资产价值、应用能力以及管理能力等价值。数字中台能够对企业各部门和用户赋能，敏捷感知用户需求变化，通过技术分析与应用快速响应市场需求，更新产品和服务以满足消费者需求，以迅速抢占新一轮市场。

第三，数字中台是新一代的信息数据架构，是以应用为出发点，进行数据互通整合，最终呈现数据应用的平台。数字中台更注重业务端的使用和业务价值的体现，其建设需要结合各部门灵活的应用需求，以及公司各个部门和资产的多维配合。

数字中台以应用为核心，而不是多个信息管理系统和分析工具的集成。传统的信息管理系统主要承担管理基础数据处理的功能，提供一些简单的数据分析，但无法深入挖掘数据价值，对企业生产运营决策价值有限。

基于 MBSE 建立的数字中台，在模型内部所有参变量定义是统一的，模型内部根据功能、逻辑分为大量的子模型。这些子模型集成了产品开发与管理人员的智慧以及成果。采用 MBSE 建立的数字中台所具备的能力如下：

（1）数据服务的能力

通过数字中台可以快速获取相关数据，包括数据共享、数据提取和数据分析。数字中台打通了各信息管理系统的数据，进行数据分析、加工、治理和预测等。

（2）数据应用开发的能力

数字中台将上下游企业的数据打通，帮助企业不同应用实现数据共享、应用共享。

（3）强大的数据处理能力

数字中台通过集成对数据的采集、共享、融合、治理和分析能力，为数据应用提供了强大的基础支持，不同的业务场景需要不同规模的计算平台来处理海量数据，数字中台可帮助企业根据应用需求随时调度数据进行计算，获取必要的情报，供管理者决策。

（4）沉淀资产的能力

企业通过对生产制造、用户特征、人力效率、管理经营等多方面的数据进行分析，挖掘蕴含其中的价值，能够获得更多辅助决策的信息，提高企业的核心竞争力。另外，企业内部拥有的 IT 资产、模型资产、应用资产和用户画像资产等都可以在数据中台得到积累沉淀，为日后企业的应用提供支持。

（5）数据融合打通的能力

数字中台将数据定义和意义保持一致，使数据实现真正的打通共享。

### 5.4.3 数字中台应用

数字中台在汽车企业有重要的应用，体现在多个方面，下面列出一些具体应用。

（1）用户需求分析

通过数字中台技术，可以收集用户需求，用大数据做出分析，为企业发展战略服务，使设计的产品能够满足用户需求；在设计过程中可以让用户参与评估，确保产品能够满足市场需求；敏锐捕捉用户需求变化，敏捷应对市场变化。

（2）数字化汽车开发管理

通过数字中台技术，对汽车开发整个环节的人力、财务、成本、进度等进行实时管理，减少人、财、物的浪费，提高汽车开发效率。

（3）数字化设计

通过数字中台技术，让多学科、多领域人员协调设计，对产品性能进行优化，确保产品设计质量，控制产品成本，按照进度、质量完成设计任务；使产品的设计满足制造工艺要求，各方面进行同步工程分析，保证设计的产品能够以较低的成本制造。

（4）数字化制造

通过数字中台技术，打通材料、设计、工艺、制造等各个环节，确保制造的进度、质量和效率；协调设备产能，实现设备的充分利用；通过工厂互联，打通企业运营的"数据孤岛"；通过全生产过程优化管理，提高资源利用率；通过产品全生命周期质量可溯管理，提高产品质量把控能力；通过柔性生产制造快速响应多样化市场需求；通过大规模个性化定制，满足用户个性化需求。

（5）数字化供应链

通过数字中台技术，和供应商实现数据共享，共同保证产品质量，减少开发成本和风险；实现网络平台共享，供应链上下游协同优化制造。

（6）数字化营销

通过数字中台技术，直接与消费者接触，开展线上销售，减少营销成本。

（7）数字化售后

通过数字中台技术，实现远程诊断、远程备件、预约维修等功能，减少企用户的使用成本；通过远程运维服务，提高产品售后服务水平；通过服务在线化，打通客户与设计、研发、生产、服务等环节的信息通道，实现用户在选车、试驾、买车、售后等全生命周期的"业务在线化"沟通服务；通过用户中心化，让用户参与产品设计、研发、生产直至最终商品销售定价的全过程，以用户为中心，追求客户驾购的满意度，强调用户满意度，重视产品与服务价值的体验。

（8）智能化驾驶

通过数字中台技术，在法律允许范围内，收集车辆运行数据，利用大数据等技术，提高车辆智能化驾驶能力；实现产品智能化，为用户提供智能、个性化的驾车体验，关注车内生态健康，构建人、车、环境和谐的智慧关系。

一些汽车公司已经构建数字中台帮助企业重构新生态。数字中台建设不仅对互联网企业的可持续发展至关重要，还可以实现数据赋能全产业链的数字化转型。"数据孤岛"是汽车行业长期存在的"顽疾"，数字中台的构建有助于企业实现数据的内部（研发、生产等）和外部（营销、出行等）全方位打通，提升研发、生产、供应链效率，支持新的以客户为中心的商业模式，加快业务创新的响应能力，降低企业创新成本，提高和丰富客户的出行体验。数字中台战略能有力地支撑企业从流程驱动向数据驱动转变，正成为汽车行业数字化转型的新趋势。

## 5.5 应用案例

### 5.5.1 MBSE 方法在无人平台车开发中的应用

下面介绍 MBSE 方法在无人平台车开发中的应用。通过该案例的学习，可以深入了解 MBSE 方法在汽车开发、汽车零部件开发中的应用。无人平台车的开发过程与普通新能源汽车开发过程有一定相似性，通过这个案例可以了解基于 MBSE 进行汽车开发的一般过程。

某无人平台车研发过程包括机械、电子、控制等学科的交叉融合，这三个领域的需求描述不同，即所谓的异构需求，可采用统一建模语言描述，如图 5-8 所示。

在异构需求进行一致性表达的基础上，以无人平台车区域探测场景中的参数传递为例实现需求分解及系统建模，并通过状态机仿真和指标验证的方式完成对系统需求的概念验证和确认，如图 5-9 所示。

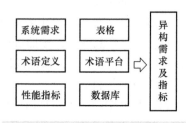

图 5-8　异构需求一致性描述

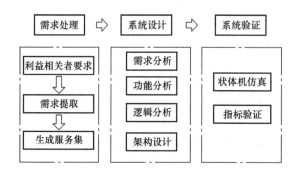

图 5-9　基于需求的无人平台车设计

采用 RFLP 流程建立无人平台车 MBSE 模型，过程如图 5-10 所示，可进行仿真模拟、参数优化、仿真验证等工作。

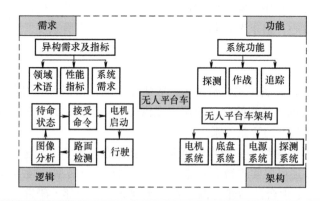

图 5-10　按照 RFLP 流程建立无人平台车模型

（1）需求集成及驱动

系统建模分析首先需要对需求进行分析及处理。将来自不同设计人员、形式不同的三种异构需求进行统一描述，通过在需求图中调用 URI 实现基于服务的需求传递。

（2）系统建模分析与设计

按照 RFLP 流程进行建模。采用图形化的模型实现系统中复杂数据的可追溯管理，提高了设计人员的协同效率，在概念设计阶段即可实现多学科协同设计。采用 RFLP 方法实现需求、功能、逻辑、架构的依次映射，在此过程中完成多学科的知识融合，并将设计经验或规律以公式的形式在模型中进行体现，提高了设计效率。

（3）状态机仿真

建立无人平台车仿真模型后，可以对各种使用工况进行仿真，做模拟分析，确保各项指标满足设计要求。采用状态机仿真及指标验证的方法可以在系统概念设计阶段完成一定程度的方案验证，避免重复无效设计，减少系统设计成本。

（4）指标合理性验证

采用统一架构的仿真模型，可以进行多目标优化，确保产品满足设计需求。后续设计过程中可调用系统模型，减少了需求管理的时间和成本。

## 5.5.2　基于大数据的企业供应链风险管理

由于市场的不确定性，供应链存在一定的风险。宋新平等[8]研究了大数据下供应链风险管理与竞争情报的融合方法，实现供应链风险管理的全面性、及时性和有效性。汽车企业对供应链依赖很大，通过大数据分析供应链可能面临的风险，从而采取合适的对策，确保供应链的稳定性。这套方法采用了基于模型的系统工程方法，对收集到的信息进行统一化描述，在此基础上进行数据分析，获得需要的结论，供管理者决策参考。

供应链风险管理与竞争情报融合模型以数据—信息—知识—情报的信息链为主线，对多源、异构、全领域的数据进行收集、处理、分析、应用，以提取大数据中的价值成分，最终输出情报产品，即供应链风险预警与决策。

（1）数据收集

数据收集是供应链风险管理与竞争情报融合模型的基础。数据收集的范围和速度直接决定了数据处理的质量和效能，进而影响数据分析与应用结果的准确性和时效性。多源异构全域数据的收集，能够帮助企业对供应链风险进行全面的分析和判断，为决策制定、风险应对提供扎实的数据基础。对于收集到的这些原始数据，原则上不进行清洗和处理，遵从一定标准存入数据湖，以镜像形式对多源异构数据进行数字化处理，在计算机中构建的虚拟社会场景中再现事情的真实状态，注册为元数据。数据湖具有逻辑统一、类型多样、原始记录的特点，便于后续的数据处理、分析与应用，以打破数据孤岛与垄断。

（2）数据处理

大数据下收集到的原始数据具有片段性、欺骗性、海量性的特点，这形成了数据收集与数据分析之间的"鸿沟"。企业需要通过多源数据的交叉比对来验证数据的真实性，通过数据部分集成来保证数据的完整性、连续性，通过数据整合来帮助企业更加全面地描绘事物本质。

通过元数据统一描述、数据清洗与比对、数据记录滤重、字段映射与互补等工作，对数据进行归一化、有效化处理，消除原始数据中的相斥数据、冗余数据、异构数据，并将其集成为多个数据集。这里借鉴了 MBSE 中关于数据的统一描述方法。

按照五种数据主题连接方法（多维模型、图模型、标签、指标、算法模型）对数据集进行情景化处理，分类、关联、整合形成不同主题的基础性信息集，实现数据向信息的转化。其中多维模型是面向业务的多视角、多维度的分析，图模型是面向数据间的关联影响分析，标签是对特定业务范围的圈定，指标是对风险评价的度量，算法模型是通过数学建模对现实世界的抽象、模拟与仿真。数据湖与数据主题连接共同构成数据底座，形成数据的逻辑集合，为供应链风险分析、可视化、决策等数据消费提供数据与信息服务。这里借鉴了 MBSE 中对应逻辑、功能的分析，建立了算法模型。

（3）数据分析

数据分析是供应链风险管理与竞争情报融合模型的核心环节，是信息转化为知识/情报片段的关键阶段，也是情报价值的重要体现。企业基于已有的供应链风险管理的标准和知识，结合其他企业成功或失败的案例经验，精准研判实时性信息、深度挖掘潜伏性信息，使信息转化为知识/情报片段。针对需求端、供应端、竞争对手或国际业务中可能出现的供应链重大突发非常规风险，由相关部门对其进行分析预测。在进行数据分析之前，先对非结构化原始数据进行挖掘，得到被收集对象的行为信息、情境信息和背景信息，作为内容增强型元数据入湖，如图 5-11 所示。

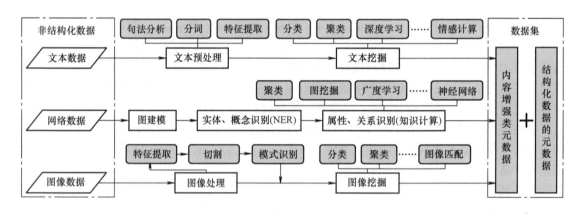

图 5-11　数据挖掘流程图

上述提及的内容增强型元数据经过数据处理，形成实时性信息集和潜伏性信息集，与基础性信息集一起录入数字化平台。在这些数据基础上，可进行推演、预测，得出结论供管理者决策参考。在此基础上，使用数字化平台上的桌面推演，将大数据、情景分析、战争游戏（红蓝军对抗）、算法模型（3D 仿真、人工智能等）和知识管理结合起来，实现对风险的前因后果、可能性和影响程度的分析，如图 5-12 所示。这里借鉴了 MBSE 中模型的模拟应用。

具体而言，事前预警环节，对情报片段进行关联、归类、序化、整合，以风险评价报告、态势分析报告、关联分析报告、专题风险报告的形式输出情报产品，对风险进行评估与预警。事中处理环节，依据情报产品进行决策制定、事件追踪和预控措施准备。事后管理环节，通过对风险控制和应对效果的评价，验证数据源的可靠性、情报产品的有效性，根据验证结果，优化数据收集、处理、分析中运用到的程序、模型、算法的参数和权重；同时，将风险及其来源、后果、关系、重要性的评级、解决方案等内容上传至历史企业供应链风险库，为未来风险的识别、分析、评估提供经验与依据，实现知识共享。

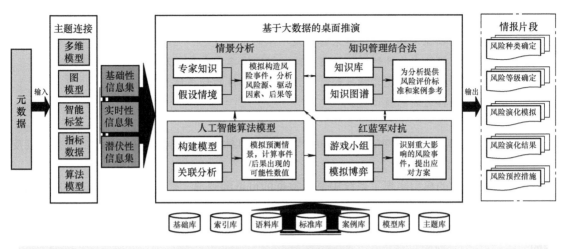

图 5-12　数据分析流程图

　　汽车产品开发中的供应链管理非常重要，尤其是对于一些需要全球采购的零件，比如汽车的芯片、关键原材料（如锂矿、铜矿）等。通过收集必要的数据，以监控供应链可能发生的风险。

　　基于模型的系统工程在汽车开发中的应用，不仅可应用于技术层面（如在整车或零部件开发中的应用），而且可应用于管理层面（如用于项目管理等）。作为汽车开发管理人员和技术人员，了解一些基于模型的系统工程在汽车开发中的应用是很有必要的。目前国内已经出现了一批国产软件，可以把基于模型的系统工程应用于各种产品的开发。

## 习　　题

一、选择题

1. 构建 RFLP 的系统工程架构，涵盖（　　　）的设计流程。

A. 需求 – 物理映射 – 功能 – 逻辑定义

B. 需求 – 功能 – 物理映射 – 逻辑定义

C. 需求 – 功能 – 逻辑定义 – 物理映射

D. 功能 – 需求 – 逻辑定义 – 物理映射

2. 在进行功能分析时，首先需要（　　　）。

A. 将总体需求逐级分解为更具体和可操作的子需求

B. 根据总体需求来分析功能要求

C. 根据子需求来分析各子系统可满足的功能需求

D. 编写详细的功能描述。

3.（多选）逻辑架构设计的主要任务包括（　　　）。

A. 系统组件之间的关系和交互

B. 使用系统框图、逻辑体系结构图等工具描述组件之间的连接

C. 数据的流动路径和控制

D. 确保逻辑架构满足系统的模块化、可扩展性和可维护性要求

4.物理架构设计的主要任务包括（　　　　）。

A.确定系统的物理架构，对汽车来讲就是汽车的零部件

B.对每个物理组件实体进行详细描述，比如描述汽车零部件的几何模型、材料、结构等

C.建立相应的模型来描述其特性和行为，比如零部件的动态仿真模型

D.确定物理组件之间的接口规范

二、判断题

1.在 MBSE 理论中，物理架构设计包括零部件的具体设计，还包括零件的准确描述，以及与其他零部件的接口等信息。（　　　）

2.采用图形化的模型实现了系统中复杂数据的可追溯管理，提高了设计人员的协同效率。（　　　）

3.在逻辑设计过程中，识别和解决潜在的问题，优化设计的性能、可靠性和效率是必不可少的。（　　　）

三、填空题

1._____对于需求分析过程至关重要。它被用来确保每个需求都清楚地传达了其来源的意图。

2.MBSE 的三要素即_____，它们在系统工程中起着至关重要的作用。

3.MBSE_____能够有效地转化系统需求为可操作的逻辑表示，为后续的物理设计和实现提供了指导。

四、简答题

1.什么是基于模型的系统工程（MBSE）？

2.在整车设计中如何实现多部门的协调？

3.基于模型的系统工程在整车开发中的应用，需要攻克哪些关键技术？

4.基于模型的系统工程在汽车产品开发中，要经历哪些发展过程？

五、综合实践题

在文献阅读基础上，请做一个 PPT，阐述 MBSE 方法在产品开发中的应用，并采用 MBSE 方法开发汽车上的一个零部件，构思整个开发过程。要求：不少于 20 页，请列出至少 5 个参考信息来源。

## 拓展阅读：MBSE 方法在智能网联汽车信息物理系统研发中的应用

新一代信息化和数字化技术推动汽车、交通、通信等多领域的深度融合，形成了具有复杂系统特征的智能网联汽车信息物理系统（ICV CPS）。这一复杂系统中，车－路－云－网－图各自封闭独立的研发模式，无法适应 ICV CPS 的研发和发展，且现阶段没有明确的 ICV CPS 设计方法及研发流程。因此，源自航空航天领域的复杂系统工程方法——MBSE 方法成为解决 ICV CPS 研发困难的一个方案。

与传统研发模式相比，MBSE 具有提高系统开发效率、降低开发成本等优势，是未来系统工程的发展方向。但 MBSE 方法在标准化应用、相关人员转型、模型库构建等方面需要大量

的资源和时间投入，使得其在国内的推广受到很大阻碍。克服这些阻碍的有效手段是构建基于 MBSE 的系统性方法体系和设计工具链原型，使短期内所有工程技术人员无须精通 MBSE 方法，就能妥善完成复杂系统的协同设计。

现阶段，针对 ICV CPS 设计、研发、仿真、验证、部署和应用方面国内尚无完善的基础理论、核心方法和专用设计工具等问题，国家智能网联汽车创新中心结合 MBSE 方法论，研究规范化架构构建、融合统一建模、数字孪生设计、验证评估实现确认等关键基础技术，构建一套面向 ICV CPS 全生命周期的理论体系、技术路线和实现方法，进而在 ICV CPS 体系架构设计及构型优化、ICV CPS 参考架构模型库、跨学科模型融合、数据可溯源设计、整体验证评估等方面形成创新技术成果，为中国方案 ICV CPS 的技术发展和应用实现提供科学依据与实施路径。

第6章

# 汽车开发管理信息化平台

## 📖 本章导学

汽车开发过程复杂，借助一些项目管理软件可以简化管理流程，提高管理效率。汽车开发管理信息化平台内容丰富，企业在发展过程中可逐渐推进和完善。汽车开发信息平台的建设，本质上是软件开发——由汽车企业提出需求，协助软件公司整理出流程，应用软件开发工具，实现相应的功能；这些功能需要前期验证，并在使用过程中进一步验证、优化。

汽车开发项目管理系统的设计是为了解决汽车行业面临的复杂挑战。它不仅仅是一个简单的项目跟踪工具，还是一个集成了多种功能和工具的综合系统。在项目规划阶段，这个系统可以帮助团队确定项目目标、时间表和资源需求，还能够优化资源分配，确保人力、物力和时间的合理利用。团队成员可以利用系统中的协作工具共同工作，无论他们身处何地。这种协作性质允许实时交流和信息共享，有助于团队之间的沟通和协作，提高工作效率。在项目执行过程中，系统的功能模块涵盖了风险管理、文档管理和质量控制等方面。团队可以利用系统中的风险管理工具识别和评估潜在风险，并采取相应的措施进行应对。文档管理模块有助于整理和存储项目相关文档，并确保团队成员能够方便地获取所需信息。质量控制功能则有助于监控项目的质量标准，确保项目达到预期的标准和质量要求。

部署这样的系统需要经历详尽的测试和培训过程，以确保系统能够顺利投入使用，并为团队提供所需的支持。在实际应用中，这类系统能够提高项目交付的效率和质量，降低成本，汽车制造商、供应商和开发机构都能从这样的系统中获益，促进业务的持续发展和创新。

## 📖 学习目标

1. 了解管理信息化平台的类型、优点
2. 了解管理信息化平台的建设方法
3. 了解信息化软件系统设计
4. 了解信息化平台软件的应用

## 📖 课前小讨论

当前 G 公司开发项目管理主要依赖于传统的"EXCEL/ 纸质＋人工跟踪"方式，这在第一、二款车型开发时尚且可用，但近几年 G 公司发展迅速，开发项目数量增长较快，已进入多项目并行的管理时代。信息化管理工具的匮乏，使得多项目并行存在管理难度大、管理效率低、出错率高、项目部门协同性差等特点。根据集团自主品牌的中长期发展规划，到 2030 年期望产销规模达 200 万辆以上，因此 G 公司必须重视项目管理的模式，并结合公司的实际状况进行改革。

目前的各项管理工具 / 方法，都存在占用过多项目管理精力、资源的问题，使管理内容无法进一步深化，管理效率无法进一步提升。有没有一种工具 / 方法能够清晰、全面、高效、及时地反映项目进度，把握项目资源，指导多项目协同工作呢？

## 6.1 项目管理信息化系统

### 6.1.1 项目管理推进现状及困惑

汽车开发项目管理涉及三个主要工具：会议、报联商机制和看板。会议在项目管理中占有重要地位，具有信息传递、沟通协调、进度控制和战略决策等四大特点。例如，晨会、项目启动会、会议指示传达会用于信息传递，高层协调会、项目联合例会、技术交流会、生产协调会用于沟通协调。阀门会议、项目进度报告会、平台例会用于进度控制，而专项报告会、造型/技术方案专项评审会、流动判断会、出车评价会用于产品项目的决策。

会议的优势在于其详细、全面、便于决策的特点，但其劣势包括资源占用多、效率低和要求高。相比之下，报联商机制的优势在于时效性高、占用资源少，然而其劣势则在于相对简单，不便于决策。另外，看板作为工具具有清晰、延续性和全面的优势，但其劣势在于占用较多资源、时效性差以及内容相对有限。

结合目前数字化工具的发展，为使汽车项目能获得更实时高效的管理，使用数字化系统开展汽车项目管理已成为主流。

### 6.1.2 项目管理系统优势

有效的项目管理，可以实现快速、低成本、高质量和高效率的产品开发，从而确保项目顺利推进并达到预期目标。通过导入项目管理系统，可为汽车开发提供一种可行的解决方案。因此，汽车企业在追求市场竞争力的同时，可将项目管理系统纳入其开发战略，以为其长远发展奠定坚实基础。

### 6.1.3 典型汽车开发项目管理信息化系统

当前的汽车项目管理信息化系统有多个模块，能够实现多种功能。使用专业化的项目管理软件已经是一种行业趋势；国内主要车企通过定制开发项目管理信息化系统，以提升项目管理效率，保障新品产出。下面介绍几种汽车开发信息系统。

（1）福特全球产品开发信息系统（GPDS）

福特全球产品开发信息系统（Global Product Development System，GPDS）是一个综合的工程与管理平台，涵盖整车设计、项目管理、质量控制等多个关键领域，其特点在于其一个门户、多个子系统集成的架构。

整车 BOM 提供了整车设计阶段所需的详细材料清单，涵盖车辆的设计和组装所需的所有零部件和材料。

项目门户作为项目信息传递的门户，包含项目计划、里程碑和资源分配等信息。

质量问题报告系统用于管理和跟踪产品质量问题，确保团队能够及时报告、记录、追踪和解决与产品质量相关的问题。

质量管理系统与新产品生产启动相关，以确保产品投产时质量符合标准。

项目管理提供了单一项目的全面管理功能，包括项目计划、资源分配和进度跟踪。

全球工程发布系统用于确保工程变更和信息在全球范围内正确传达和执行。

交付物管理系统确保整个项目团队之间的协同工作。

项目信息公告栏是一个信息共享和公告平台，促进团队之间的沟通和信息传递。

零部件开发进度管理系统用于跟踪和管理零部件的开发进度。

福特 GPDS 组成如图 6-1 所示。

（2）长城汽车项目管理系统

包括项目管理、项目沟通管理、项目经验管理、部门管理、质量管理、会议管理、文档管理、创意管理、研发管理（RDM）专区，以及个人空间等，如图 6-2 所示。

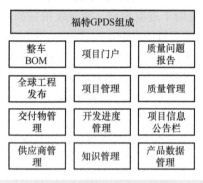

图 6-1　福特 GPDS 构成

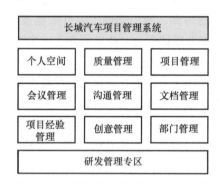

图 6-2　长城汽车公司项目管理系统的构成

## 6.2　项目管理信息化系统的基本特征和功能

项目管理系统（Project Management Information System，PMIS）全面集成财务管理、人力资源管理、风险控制、质量管理、信息技术管理（沟通管理）、采购管理等功能。大型项目管理信息系统一般包括项目进度信息、造价信息、质量信息、安全信息、合同信息、财务信息、物料信息、图（纸文）档信息、办公与决策信息 9 大管理系统。

### 6.2.1　项目管理软件系统特征

常规项目管理软件系统一般可进行成本预算、生成日程表、生成图像表格、收发邮件、短信提醒、制造报表、统计分析等。

### 6.2.2　项目管理软件的功能要求

公司选用或定制管理信息化软件时，需要对项目管理软件应用开发质量提出要求。这些要求至少包括产品容量要求、操作便捷要求、功能扩展性要求、兼容能力要求等。

1）产品容量。这主要是考虑系统能否处理公司预计进行的项目数量、预计需要的资源数以及预计同时管理的项目数量。

2）文件编制和联机帮助功能。主要考虑用户手册的可读性、用户手册里概念的逻辑表达、手册和联机帮助的详细程度。

3）操作便捷。主要考虑系统的视觉效果、菜单结构、可用快捷键、颜色显示、每次显示信息容量、数据输入的简易性、数据修改的简易性、报表绘制的简易性、打印输出的质量、屏幕显示的一致性，以及熟悉系统操作的难易程度。

4）功能扩展。主要考虑系统是否具备项目组织所需要的各种扩展功能。例如，程序是否包含工作分析结构以及甘特图和网络图？资源平衡或均衡算法怎么样？系统能否排序和筛选信息、监控预算、生成定制的日程表，并协助进行跟踪和控制？它能否检查出资源配置不当并帮助解决？

5）与其他系统的兼容能力。如与数据库、电子表格、各种图形软件等的兼容。

6）安装要求。这里主要考虑运行项目管理软件对计算机硬件和软件的要求，如存储器、硬盘空间容量、处理速度和能力、图形显示类型、打印设置以及操作系统等。

7）报表功能。如基本的计划、进度计划和成本报表，如对各个任务、资源、实际成本、承付款项、工作进度以及其他一些内容提供报表等。

8）安全性能。有些项目管理软件有相对更好的安全性。如果安全问题很重要，那么就要特别限制对项目管理软件、每个项目文件及每个文件数据资料的访问方式。

9）技术支持。经销商或零售商是否提供后期的技术支持、支持的费用，以及经销商的信誉。

10）分步执行。项目管理怎么去执行，执行前的策划尤其重要。例如，项目管理可以分为3步执行，即应用业务集成，业务数据分析和决策执行。

① 应用业务集成。将多渠道来源的数据进行整合，实现业务数据的集成与共享。

② 业务数据分析。对项目中的数据进行加工、处理与分析等。

③ 完成业务集成及数据分析后，结合项目情况进行状态判断、风险预测，以辅助项目的决策和执行。

此外，项目管理软件的精确性、经济性、可维护性和可更改性等功能对项目管理软件来说也同样重要。

## 6.3 汽车开发项目管理系统开发过程

面向汽车行业的产品开发项目管理需要一个方便、高效的信息系统，以实现项目流程规划、任务分配、执行、监控、交付物审核等管理功能，从而保证产品开发质量。在进行软件开发时，首先需要分析所在企业汽车产品开发项目管理流程，然后对汽车产品开发项目管理业务需求进行分析。在此基础上提出系统的功能模型、体系架构及系统实现逻辑。软件开发公司根据这些模型开发出项目管理软件，提供给用户使用，并在使用过程中进行完善。

本节主要参考了《面向汽车产品研发的项目管理系统的研究与实现》。

### 6.3.1 汽车产品开发项目管理流程

产品开发项目管理流程是项目管理系统所要处理的业务过程。企业项目类型一般分为全新平台开发、变型产品开发、零部件开发以及面向订单产品开发等，项目类型较多，不同类型项目流程间存在一定的差异。全新平台开发是指产品用途及其应用原理有显著变化，其开发周期最长，开发过程最复杂。下面以全新平台开发项目为例，说明企业项目管理的一般流程。

首先项目经理根据市场调研分析提出新产品开发概念，提交全体专家进行评审。若审核通过，由项目经理创建项目，制订项目计划，配置项目资源，并为该项目配备一位项目管理员，负责该项目中交付物的审核工作。项目计划制订包含节点计划的配置，即在项目执行过程中设置节点考核计划，以保证项目顺利进行，严格控制项目风险。

企业项目一般分为项目、节点、模块、专业组、执行任务五层，其中项目主控计划、分解计划由项目执行团队管理，专业组月计划由各模块工作组进行管理。项目经理负责主控计划编制，以及节点计划的识别工作，各模块负责人分别对专业组月计划进行制订以及管理。项目计划制订完成后，还要对各执行任务的元交付物进行设置，以保证任务的完成质量。项目经理、模块负责人均有权限设置任务的元交付物。项目计划制订完成后，由专家委员会及相关人员共同对项目计划进行审核，并进行一定的调整直到审核通过发布项目计划。然后，各项目团队成员接收所负责的任务并开展相关工作，完成后提交相应的交付物，并提交任务。任务提交后，交付物进入审核阶段。交付物审核通过后，任务才算完成，否则，任务需要经过项目经理变更后继续执行，直至提交合格的交付物，项目任务执行流程图如图6-3所示。

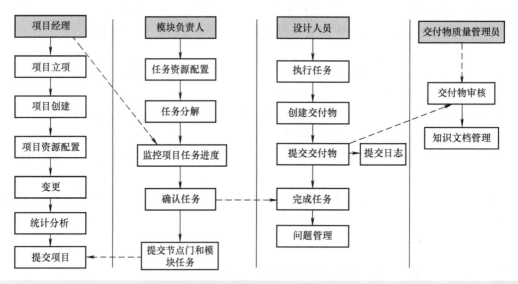

图6-3　项目任务执行流程图

项目经理在制订项目计划时，按照自顶向下依次分解项目，按照一定的粒度将项目具体分解为可管控、可执行的任务，而任务完成质量的管控是依靠审核与任务绑定的交付物来实现的。任务的提交按照从下往上依次提交，子任务没有完成，父任务不允许提交，同时，若子任务的交付物审核不通过或还在审核中，那么父任务也不允许提交。

这种严格的审核机制的目的是保证任务的完成质量。企业现有的产品开发项目管理活动中，各交付物均以纸质文档的形式经过相关负责人审核、标准化、会签、批准，最后进行统一归档。由于缺乏信息化的管理手段，交付物审核效率低下，审核机制流于形式。借助项目管理信息化系统，可以保证管理按设定流程完成。

### 6.3.2　汽车产品项目管理业务需求

#### 1. 系统用户分析

根据对企业需求的调研，将用户划分为以下几类，见表6-1。针对不同的用户，设计了不同的系统功能来满足其业务需求。

表 6-1　项目管理系统用户分析

| 角色名称 | | 功 能 说 明 |
|---|---|---|
| 交付物质量管理员 | 项目管理员 | 定期查看门审核表，跟踪交付物审核进度、交付物的初审并录入审核信息、交付物预审专家的分配、交付物状态查看和汇总等 |
| | 顾客方 | 负责交付物的签发并录入审核信息 |
| | 预审专家 | 负责交付物的预审并录入审核信息 |
| 项目经理 | | 创建项目计划、节点配置、资源分配、调整项目计划、制订交付物计划、项目任务变更、项目进度监控、风险管理等 |
| 系统管理员 | | 后台参数配置、权限管理、元交付物管理、项目模板管理等 |
| 模块负责人 | | 负责模块任务管理以及资源配置、模块任务监控等 |
| 设计人员 | | 交付物的创建、修改、提交，任务的执行，日志提交等 |
| 平台总监（领导） | | 项目计划监控、节点交付物查看与监控等 |

**2. 系统业务需求分析**

根据对企业业务流程的分析，企业对产品开发项目管理系统的主要需求如下。

（1）汽车产品开发项目计划管理

项目计划管理是项目管理系统的基础功能。由于产品开发项目规模大、节点多、任务复杂，因此项目团队成员越来越多，项目周期越来越长，任务之间紧前紧后关系错综复杂。如何制订一个合理的项目计划，如何识别项目计划节点，如何对项目计划进行统筹规划，是摆在项目经理面前的一大难题。同时，要对项目计划的所有信息和任务变更等进行有效的管理，确保项目计划信息的及时共享。

（2）汽车产品开发项目成员管理

汽车企业一般以矩阵形式构建组织结构，即横向以各车型的平台项目经理作为项目的总负责人，纵向由项目管理、市场、制造、产品工程、采购、质量、财务等各职能部门抽调专职人员组成项目成员。故需要以项目团队的形式对项目成员进行管理，包括项目成员、角色、组织等关系，以及不同成员的权限分配。

（3）汽车产品开发过程中元交付物的管理

元交付物管理是对汽车产品开发过程中的交付物模板进行归纳总结，在该模块中进行集中管理。汽车产品开发项目中，元交付物种类繁多、数量多。一个全新产品研发项目中，包含的元交付物至少有 1000 项。如果不对元交付物进行统一管理，形成规范化的模板，则很难有效管理交付物。通过产品开发过程中不断的经验积累，可以对元交付物进行不断完善，保证开发项目更加高效、有序地进行。同时，元交付物作为交付物的模板，使得交付物创建更方便，而且能保证交付物的规范性。

（4）开发项目交付物质量管理

交付物质量管理是汽车产品开发项目管理中的核心功能。交付物贯穿于产品开发整个项目过程中。通过交付物的质量，保证汽车产品开发过程中任务的完成质量。交付物质量管理包括交付物的创建、修改、审核、状态更新、归档等。

（5）汽车产品开发项目模板管理

针对汽车行业常见的项目类型，可以归纳出项目模板以便于项目经理制定项目时参考使用。同时，基于汽车行业经典的节点式项目管理方法，可以对节点任务进行归纳沉淀，抽象出节点模板，以供项目经理制定项目时，可以根据项目类型自行配置项目节点，方便快捷。针对具体的任务，可以设置元交付物，执行者只需根据元交付物，编制相应的交付物即可。项目模板和元交付物均是对企业知识经验积累和传承的一种方式。

（6）汽车产品开发项目团队模板管理

1）项目团队模板是对企业经典项目团队结构的抽象化。汽车企业产品开发项目一般历时18~24个月，团队成员数以百计。为了对项目成员结构进行规范的管理，需要一个规范化的团队组织，即项目团队管理。项目团队模板与项目模板绑定，则基于项目模板创建项目时，项目团队的组织结构也会同时派生到该项目中，项目经理只需在既定的角色下添加成员即可，从而为项目团队成员管理提供便捷。

2）对项目执行过程中存在的问题进行集中管理，为后续产品的成功开发奠定基础。根据企业问题处理的一般流程设计该模块，对以往开发过程中的经验进行积累，进行知识沉淀。日志管理使得设计人员能够及时记录本周、本月、本年度完成的任务，同时，方便上级查看下属的工作日志，及时了解下级的工作情况。消息管理主要是提醒各设计人员有任务下达、交付物审核人员有交付物需要审核等。

### 3. 系统功能设计目标

汽车产品开发项目管理系统以项目计划管理为中心，通过交付物管理落实计划的执行情况，通过问题管理解决项目过程中存在问题的协调和处理，为项目管理人员和项目组提供项目进度和资源的监控和查询。系统功能设计目标如图6-4所示，具体实现以下目标。

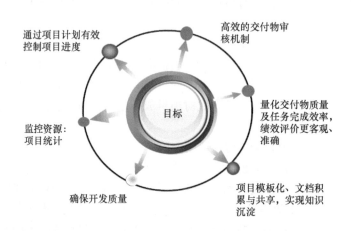

图6-4 项目管理系统设计目标

1）高效的交付物审核机制，保证交付物能够在最短的时间内得到校验，提高开发效率。

2）通过量化交付物的质量和任务的完成效率，落实节点评审制度，保证项目有序进行。

3）实现项目的模板化管理、交付物的积累与共享、产品开发经验积累，实现知识沉淀。

4）确保开发质量，确保产品按预期的计划推入市场。

5）对项目资源进行监控以及统计分析，为领导制定决策提供数据支持。

### 4. 系统功能模块

基于交付物的汽车产品开发项目管理系统的功能模块主要分为四个部分：权限管理、过程定义、项目过程执行和项目监控，如图 6-5 所示。

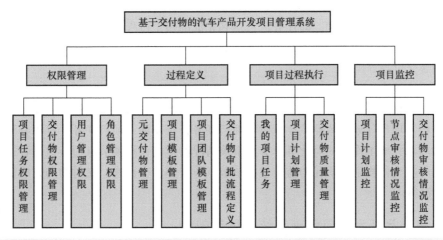

图 6-5 某汽车产品开发项目管理系统功能模型

（1）权限管理

权限管理按照功能分为项目任务权限管理、交付物权限管理、用户管理权限和角色管理权限。其中，项目任务权限管理是对项目任务的操作权限，如查看、新建、删除、编辑、分配、指定责任人、下达、调整工期等进行管理。项目经理有权限创建项目、分解计划等，一般的设计人员则只有接受任务并执行的权限。根据企业的业务规则，可以对项目任务管理权限进行设置，保证企业信息安全和开发项目保密性。

交付物权限管理是对交付物的操作权限，如创建、删除、修改、预览、编辑、输出等进行管理，以保证交付物的安全和信息的共享。角色管理权限用于配置企业组织中的人员角色，如系统管理员、项目管理员、预审专家、项目经理等，各角色各司其职；用户管理权限用于对用户登录的权限进行管理，当用户登录系统时，可以自动识别出该用户具有哪些操作权限。

（2）过程定义

过程定义包括元交付物管理、项目模板管理、交付物审批流程定义。元交付物管理是对元交付物进行统一管理，包括元交付物的新建、编辑、删除等。元交付物基本属性有名称、所属领域、编号规则、类型、重要度、标准、关键绩效指标、指标值、评价标准等，同时支持上传文档模板，从而在具体创建交付物时可以参考文档模板，实现管理规范化。通过对汽车产品开发过程中需要审核的交付物以及相关审核标准进行总结、提炼，形成一套完备的元交付物管理体系。

项目模板管理是根据汽车产品开发项目的特点，抽取制作项目流程和节点流程的经典模板，并且支持定义任务的输入、输出元交付物、参考实例、任务间的时序关系等，从而在实例化新建项目时更方便快捷。创建项目模板时，可以通过 MS Project 导入，也可以手工创建；然后定义项目任务的基本属性，如预估工作量、任务描述、验收标准、前置任务、输入文档、参考实例等，还可以为任务添加元交付物。

交付物审批流程定义是借助工作流管理机制，定义交付物审批的各个节点，实现交付物的流程化审批。不同的部门，对交付物审批流程要求不同。基于工作流在后台自定义审批流程，可以增加交付物审批流程的敏捷性。

（3）项目过程执行

项目过程执行包括"我的项目任务""项目计划管理""交付物质量管理"。"我的项目任务"以任务的生命周期为基础，即任务从下达到完成的整个过程。该模块主要是罗列项目成员当前需要执行的任务，以及任务完成必须提交的交付物，并且完成任务的接受、启动、提交、审核以及创建交付物等操作。

（4）项目监控

对项目进展情况进行实时监控，包括对项目计划的监控、节点审核情况的监控、交付物审核情况的监控。项目计划的监控主要是监控项目任务是否超期、项目任务的资源分配情况、已完成工作量与未完成工作量的对比等。节点审核情况的监控包括该节点门审核是否通过、通过与否的原因等。交付物审核情况的监控包含该节点下有多少交付物、交付物的完成情况、交付物的审核情况等。

### 6.3.3　汽车产品开发项目管理系统的体系架构

系统的体系架构是基于客户端/服务器模式的，自顶向下主要分为用户层、服务层和数据层三层，如图 6-6 所示。

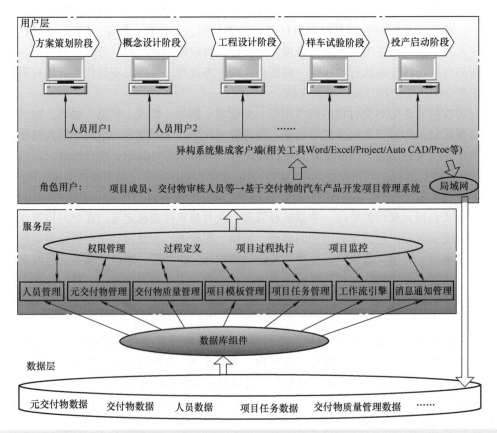

图 6-6　某汽车开发软件系统实现的体系架构

（1）用户层

该层提供用户操作界面，支持用户按角色权限登录系统，如系统管理员、项目管理员、项目经理、预审专家等，并使用系统各个模块的功能。

（2）服务层

该层包含了汽车产品开发项目管理系统所必需的所有业务逻辑处理功能。人员管理包含对企业中人员、角色、组织的管理，元交付物管理是对开发过程中的元交付物的预定义，支持绑定文档模板。交付物质量管理是结合工作流机制以及系统定制的交付物审核流程，对开发过程中的交付物进行审核，保证开发质量。交付物的创建过程支持对元交付物的继承。项目任务管理主要是对项目任务的创建及执行过程的管理，支持对项目模板的继承。消息通知管理是在项目任务执行和交付物审核过程中，以系统消息的形式提醒用户，从而实现交付物随到随审功能，提高交付物审核效率。

（3）数据层

该层对系统中的数据进行统一管理，如项目任务数据、交付物质量管理数据、企业人员数据等。在任务完成后，交付物将上传到服务器数据库中进行审核管理。交付物审核过程中，相关信息如审核人、审核结果、分数等都会记录在数据库对应的表中。

## 6.3.4 项目管理软件的实现和测试

管理系统软件开发成功后，要对功能进行验证。验证时需要一项一项地展示界面，检验功能；使用一段时间后，记录系统工作异常情况。如果系统工作较长时间后无异常情况出现，说明软件系统工作稳定。

借助于测试用例，能够判断软件是否有效符合用户的功能需要。测试用例主要包含输入内容、满足要求和测试数据。在进行测试活动时，测试用例具有十分重要的作用，主要体现在以下方面。

（1）设计测试用例

测试用例是进行具体测试的一个重要组成部分，其能够确定测试的基本方式和方法。

（2）确定测试目标

进行测试目标的构建，能够有效地规范有关的测试活动，减少测试成本，提高工作效率。

（3）确定需求满足

通过测试目标与测试效果的比对，能够有效地确定实现的效果是否满足具体的需求。

（4）优化功能

通过优化功能来提升系统以及程序的性能。

对于项目管理系统的具体功能界面而言，能够借助于功能、集成、性能以及回归等测试活动来完成测试工作。

进行软件测试时，可以采用的方法种类较多，主要可以通过以下三种形式进行划分。

1）通过阶段性划分的测试方法，主要由验收测试、整体测试、合成测试以及单元测试等组成。

2）通过工具性划分的测试方法，如果使用特定工具则是动态测试，如果不使用则是静态测试。

3）通过结构划分的测试方法，主要由白盒测试和黑盒测试两种组成。

在对开发完成的系统进行部署之前，需要综合性地对系统进行测试。此过程一般采用两种方法，即白盒测试和黑盒测试，一种是进行功能和逻辑测试，一种是进行结果和效果测试，以对测试发现的问题及时进行完善。

1）白盒测试法。白盒测试法主要是针对逻辑结构和功能进行的测试方法，其需要借助于测试用例导出具体的逻辑结构。与此同时，需要借助于设定的执行路径，对具体的执行路径和源头进行测试。白盒测试也称为逻辑驱动测试或者结构测试。

2）黑盒测试法。黑盒测试法与白盒测试法两者之间是相互补充的关系。黑盒测试法主要是通过测试者对具体的功能和性质进行执行和测试，不需要进行执行路径和业务逻辑结构的测试，并能够验证系统的实现效果。

## 6.4 汽车公司项目管理系统开发实例

### 6.4.1 项目管理系统推进规划

在"互联网+"快速发展的大环境下，作为主流车企之一的某汽车公司决定深入研究并尝试实施"传统的项目管理模式+IT/互联网"智能化管理。这一探索被划分为基础建设期、拓展期和成熟期三个关键阶段。

1）基础建设期。通过实验评估关键模块的可行性和效果。具体操作包括选择项目管理系统的特定模块进行试用、启动项目招标流程以选择合适的IT服务提供商或开发团队，确保系统的基础功能能够满足公司的独特需求。

2）拓展期。推广项目管理系统至整个项目团队，确保团队成员能够适应新的管理方式。这一时期还包括引入更多智能化元素，以促进更为紧密的人机互动，实现更高水平的协作与效率。

3）成熟期。对项目管理系统进行持续改进和优化，以适应业务环境的变化和发展。这一阶段的关键任务还包括将供应商管理纳入系统，实现对供应链的全面管理，以及确保项目管理系统能够在高效的模式下运行，提升整体项目执行效率。

### 6.4.2 项目管理系统开发管理

下面从前期规划、功能实现、人员组织等方面详细介绍某公司项目管理系统的开发。

#### 1. 前期规划

某汽车公司在考虑导入项目管理系统时，进行了如下工作。

首先，通过项目调研，深入了解同行业企业所采用的项目管理系统。

其次，基于需求分析确定主要功能模块，包括计划管理、进度管理、知识管理和资源管理；知识管理和资源管理包括交付物和文档管理、专项管理、风险管理。

#### 2. 功能实现

项目管理系统基本实现了计划管理、进度管理、知识管理和资源管理的要求。

在项目计划的创建阶段，系统采用Excel和甘特图等工具。通过这些工具的有机结合，团队能够迅速而准确地建立项目计划。系统自动编制主计划和一级计划的功能进一步简化了这一过程，确保计划的一致性和标准化。

在查阅及应用阶段，确保团队成员能够按需查看计划，并通过反馈机制实现对计划的实时调整。

调整阶段是对项目计划灵活性进行调整的重要阶段。系统通过将需要大幅度调整的部分反馈到查阅及应用阶段，实现了对项目计划的及时调整。

系统不仅实现了自动编制主计划和一级计划，还支持二级计划的标准 Excel 模板导入和在线编辑。任务下发、执行反馈、任务提醒以及风险预警等功能也都得到了系统的有效支持。这些功能通过自动化和信息化的手段，提高了团队的工作效率，使得项目管理更加科学和高效。

在计划管理方面，系统实现分层计划和滚动规划的有效实施。通过分层计划，项目团队能够建立清晰的层级结构，使计划更具科学性和可执行性。滚动规划的引入则有助于灵活应对项目的动态变化，确保计划随时保持最新状态。

在计划的编制和调整方面，通过自动化功能，项目团队可以更迅速地创建、调整计划，提高了工作效率。同时，系统的规范化设计有助于确保计划的一致性和标准化，降低了出错的可能性。

在零部件开发进度管理方面，系统实现专项多维度管理，从专业、子系统、零部件的角度进行分层式完整管控。

在知识管理方面，系统能够实现项目交付物和文档的集中管理，通过模板查询提高了项目经验和资料的累积。共享平台和文档归类管理使得技术方案、技术指标和评审要素等信息得以规范、统计、积累和共享，有助于团队更好地利用和传承项目知识。

在资源管理方面，管理效果包括资源可用性的提高、资源进度分配的优化，从而保障了计划的可执行性，降低执行风险。

### 3. 人员组织

在项目管理系统的具体实施方案中，该公司采用了技术管理室项目管理科和 IT 室两个主导部门协同合作的方式。这一方案构架旨在确保系统在定制开发、导入和运行维护过程中充分发挥各部门的专业优势，以达到项目目标的科学实现。

技术管理室项目管理科在这一方案中扮演着领导角色。作为主导部门，该科的职责包括项目整体的规划、管理和协调。在项目初期，项目管理科与各相关部门密切合作，明确定义项目管理系统的各项定制开发需求。这涉及系统功能的详细规格、用户界面的设计、数据管理的要求等方面。其目标是确保项目的各个方面都符合公司业务流程和管理需求，从而实现系统的高效运作。

同时，技术管理室项目管理科还负责制定系统导入方案。这不仅包括项目实施的详细计划和时间表，还包括培训计划、用户接受测试等方面的规划。在整个实施过程中，项目管理科与其他相关部门密切协作，确保项目管理系统与现有系统和业务流程的完美整合。

IT 室在这一方案中承担关键技术支持和运行维护的职责。在项目实施的初期阶段，IT 室代表公司与系统开发厂家进行充分的沟通与协商。以确保开发厂家准确理解并能够满足项目管理系统的技术需求。IT 室负责系统功能实现的技术支持，与开发团队紧密协作，解决可能出现的技术性问题。在项目实施完成后，IT 室负责系统的运行和维护工作，监测系统性能、升级系统版本以及及时处理系统故障，以确保系统长期稳定运行。

整个实施方案通过技术管理室项目管理科和 IT 室的合作，实现了在项目管理系统的开发、导入和运行维护过程中科学而高效的任务分工。这有助于保障系统的技术实现与业务需求的一致性，提高系统的可维护性和持续性，为公司的管理体系提供了坚实的技术支持。

### 6.4.3 项目开发管理系统增加功能案例

1）提出功能需求：由于新车型项目较多（多款车型同步开发），信息量较大，因此现有的新车型会议报告的方式已经无法满足信息的传递需求。

2）提出 IT 项目需求：基于现有新车型报告模式，利用信息化平台，将新车型的信息（各车型进展及重要非紧急课题）通过信息周报推送的方式发送给公司领导层，通过信息传递／共享提高课题的解决效率。

3）提出具体的界面要求：要求列出车型、进展信息、开发阶段、SOP 节点信息以及遇到的问题，如图 6-7 所示。

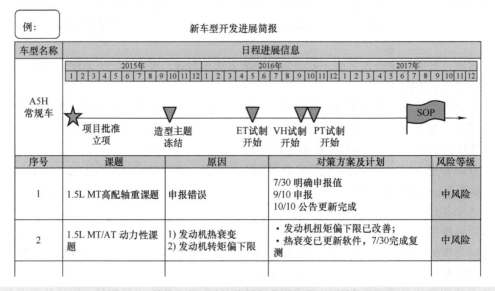

图 6-7　某信息化系统生成的新车型开发进展简报界面

该简报系统需要在已有的信息化系统中定期读取相关信息，并形成具体界面。这个功能是软件开发商通过程序实现的。软件还需要有自动发布功能，并且只能够按照设定权限、流程运作。图 6-8 所示是新车型项目快报发布的流程图。

| 项目 | 编辑人员 | 审核人员 | 确认人员 | 批准人员 | 接收人员 |
|---|---|---|---|---|---|
| 信息流向 | 项目经理 | 科长 | 部长 | 技术总监 | 公司领导班子+总监级领导 |
| 信息录入手段 | 电脑/手机 | 电脑/手机 | 电脑/手机 | 电脑/手机 | 手机 |

图 6-8　新车型项目快报发布流程图

新车型快报每周一上午 8：30 发布。新车型快报审核流程图如图 6-9 所示。信息化系统会按时间把创建的信息提交给信息审核人员，并设定提醒。完成审核确认后才会自动进入下一个流程。审批按照流程进行，逐级审批，上一节点完成作为下一节点的触发指令；如果周日 12：00 前还未完成批准，则不触发信息发布的指令。

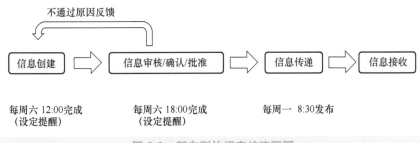

**图6-9 新车型快报审核流程图**

### 6.4.4 软件使用及应用效果

采用项目管理系统符合"互联网+"及工业4.0的发展趋势，主流车企都已经运用项目管理系统进行多项目管理工作，管理成熟度逐渐提高；采用项目管理系统可以扩大项目管控范围，提高对项目的把控力度，提前进行风险识别及处理；可以更好地协调/调配有限资源，提高项目课题推进效率；可以促进体系/流程建设工作；通过分期实现各个管理模块/功能，符合知识管理及数据库建立的需求。

### 6.4.5 软件功能的进一步开发

项目管理系统的完善是一个逐渐完善的过程，不同部门提出业务需求，IT部门统筹策划，组织人员开发，分阶段落实。比如，质量部提出新车型品质管理的需求，技术中心整车集成部提出试验及NVH问题跟进的需求，技术中心产品试制部提出试制车辆过程管理，技术中心项目管理部提出新车型管理系统等。

IT部门对企业各部门的需求进行分析，协同软件公司开发合适的系统，满足各部门的要求。

汽车开发信息化管理平台能够提升管理效率，可在企业运营过程中逐渐开发，逐渐应用，逐渐完善。汽车企业进行信息化平台建设，需要管理人员提出开发要求，对软件开发流程有一定了解，对软件在使用中出现的问题有一定分析能力。

## 习　题

**一、选择题**

1.（多选）汽车开发项目管理系统的基本模块包括（　　）。

A. 计划管理　　　　　B. 进度管理　　　　　C. 成本管理　　　　　D. 资源管理

2.（多选）定制汽车开发项目管理系统，需要（　　）。

A. 提出功能需求　　　　　　　　　　B. 考核软件开发公司能力

C. 议定软件开发费用　　　　　　　　D. 确定开发进度

3.（多选）项目管理软件阶段性测试方法，主要由（　　）等组成。

A. 验收测试　　　　　B. 整体测试　　　　　C. 合成测试　　　　　D. 单元测试

4. 智能汽车企业将项目管理系统纳入其开发战略的原因是（　　）。

A. 提高汽车产品的市场需求

B. 实现更加透明和可控的产品开发过程

C. 增加项目团队的技术能力

D. 优化客观绩效评价以提高团队准确性

二、判断题

1. 汽车开发项目信息化系统可以委托给专门的软件开发公司去做，不需要本公司人员的配合。　　　　　　　　　　　　　　　　　　　　　　　　　　　　（　　）

2. 新能源汽车公司采用汽车开发项目信息化系统后，一定能够开发出具有市场竞争力的车型。　　　　　　　　　　　　　　　　　　　　　　　　　　　　　　　（　　）

3. 汽车开发信息系统需要逐渐完善，并且根据公司的发展情况做相应的调整。　（　　）

4. 在智能汽车开发领域，建立和应用成熟的项目管理系统有助于提升开发能力、持续获取业内经验，并通过量化客观绩效评价实现对项目团队绩效的准确评估。　　　　　（　　）

三、简答题

1. 汽车开发项目管理系统有什么优点？

2. 汽车开发项目管理系统的开发流程是什么？

3. 为了增加项目管理系统功能，提出功能时要提供哪些信息？

4. 汽车开发项目管理系统的发展方向是什么？

四、综合实践题

在文献阅读基础上，请做一个 PPT，阐述汽车开发项目管理系统的开发流程和功能，并对管理系统增加一项功能，为此功能提供必要的信息给软件开发商。要求：不少于 20 页，请列出至少 5 个参考信息来源。

## 拓展阅读：某新能源汽车公司引进集成项目管理系统

A 新能源汽车公司成立于 2017 年 7 月 28 日，是某汽车集团秉承自主创新的体系优势，面向未来发展成立的一家创新科技公司，是该集团新能源汽车事业的发展载体。该公司致力于提供世界级的移动智能新能源产品和服务，成为世界领先和社会信赖的绿色智慧移动价值创造者。

任何一款新车型从开发到上市的过程，都是一个高复杂度的项目全生命周期，而新能源汽车，市场变化很快，需要快速迭代开发。随着新车型越来越多，该新能源汽车公司在新车型项目管理上遇到了瓶颈，需要国际先进的项目管理体系来支撑整个工厂的高效运转。

该新能源公司最后通过实施 iMIS-PM 系统，实现了以下管理目标：

1）对新车型项目实现全过程的数字化、信息化、智能化管理。

2）使项目实施有序和可控，提供全面、及时、准确的新车型项目动态信息。

3）为决策层提供数据支持，从而提高项目管理水平，提升项目管理效率，增强企业的核心竞争力。

# 附录　常用缩略语

| 序号 | 缩略语 | 中文名称 | 英文名称 |
|---|---|---|---|
| 1 | AC | 实际成本 | Actual Cost |
| 2 | APQP | 先期产品质量策划 | Advanced Product Quality Planning |
| 3 | BOM | 物料清单 | Bill of Material |
| 4 | EV | 电动汽车 | Electrical Vehicle |
| 5 | EV | 挣值 | Earned Value |
| 6 | ERP | 企业资源规划 | Enterprise Resource Planning |
| 7 | FMEA | 潜在失效模式分析 | Failure Mode and Effects Analysis |
| 8 | GPDS | 全球产品开发信息系统 | Global Product Development System |
| 9 | IPD | 集成产品开发 | Integrated Product Development |
| 10 | IRR | 内部收益率 | Rate of Return |
| 11 | JIT | 即时生产 | Just-In-Time |
| 12 | KBE | 基于知识的工程 | Knowledge Based Engineering |
| 13 | LCA | 产品的生命周期评估 | Life Cycle Assessment |
| 14 | MBSE | 基于模型的系统工程 | Model Based System Engineering |
| 15 | MSA | 测量系统分析 | Measurement system analysis |
| 16 | NVH | 汽车噪声、振动和声振粗糙度 | Noise，Vibration and Harshness |
| 17 | NPV | 净现值 | Net Present Value |
| 18 | PDCA | 计划操作检查行动 | Plan Do Check and Act |
| 19 | PEST | 宏观环境的分析方法 | Politics, Economy, Society, Technology |
| 20 | PMBOK | 项目管理知识体系 | Project Management Body Of Knowledge |
| 21 | PMIS | 项目管理系统 | Project Management Information System |
| 22 | PMPG | 项目管理过程组 | Project Management Process Group |
| 23 | PT | 生产调试 | Production Trial |
| 24 | PV | 计划价值 | Planned Value |
| 25 | QCD | 质量 成本 交付 | Quality Cost and Delivery |
| 26 | RDM | 研发管理 | Research & Development Management |
| 27 | RFLP | 需求物理功能逻辑 | Requirement Physical Functional and Logical |
| 28 | ROE | 净资产收益率 | Return on Equity |
| 29 | ROI | 自有资金年化回报率 | Return on Investment |
| 30 | SCM | 供应链管理 | Supply Chain Management |
| 31 | SPC | 统计过程控制 | Statistical Process Control |
| 32 | SUV | 运动型多功能车 | Sport Utility Vehicle |
| 33 | SysML | 系统建模语言 | Systems Modeling Language |
| 34 | SWOT | 基于内外部竞争环境和竞争条件下的态势分析 | Strength, Weaknesses, Opportunities, Threats |
| 35 | UML | 统一建模语言 | United Modeling Language |
| 36 | USP | 独特销售主张 | Unique Selling Proposition |
| 37 | VOC | 客户之声 | Voice of Customer |
| 38 | VH | 车辆认证 | Vehicle Homologation |
| 39 | WBS | 创建工作分解结构 | Work Breakdown Structure |

# 参 考 文 献

[1]　贺东风，赵越让，钱仲焱.中国商用飞机责任公司系统工程手册 [M].上海：上海交通大学出版社，2017.

[2]　沈威.L 汽车公司 SUV 产品差异化战略研究 [D].杭州：浙江工业大学，2017.

[3]　黄玉莲.A 公司集成产品开发管理模式研究 [D].武汉：华中科技大学，2021.

[4]　杨莉.北京奔驰业务流程管理体系优化设计 [D].北京：对外经济贸易大学，2019.

[5]　张喜征，彭楚钧，陈芝，等.项目管理 [M].北京：清华大学出版社，2017.

[6]　朱一凡，王涛，黄美根.NASA 系统工程手册 [M].北京：电子工业出版社，2021.

[7]　郭园园.吉利汽车数字化转型路径研究 [D].南京：南京邮电大学，2021.

[8]　宋新平，刘馥宁，申真，等.大数据下企业供应链风险管理与竞争情报融合模型构建：以华为公司为例 [J]. 情报杂志，2024，43（6）：185-192.

[9]　金小敏.面向汽车产品研发的项目管理系统的研究与实现 [D].武汉：华中科技大学，2013.